大家小书

中国古代建筑概说

傅熹年 著

北京出版集团公司
北京出版社

图书在版编目（CIP）数据

中国古代建筑概说 / 傅熹年著. — 北京 : 北京出版社，2016. 7
（大家小书）
ISBN 978-7-200-12088-2

Ⅰ. ①中… Ⅱ. ①傅… Ⅲ. ①古建筑—介绍—中国 Ⅳ. ①K928. 71

中国版本图书馆CIP数据核字（2016）第077067号

总策划：安　东　高立志　　责任编辑：严　艳

· 大家小书 ·

中国古代建筑概说

ZHONGGUO GUDAI JIANZHU GAISHUO

傅熹年　著

*

北京出版集团公司　北京出版社　出版

（北京北三环中路6号　邮政编码：100120）

网　址：www.bph.com.cn

北京出版集团公司总发行

新华书店经销

北京华联印刷有限公司印刷

*

880毫米×1230毫米　32开本　8.5印张　141千字

2016年7月第1版　2017年5月第3次印刷

ISBN 978-7-200-12088-2

定价：36.00元

质量监督电话：010-58572393

序　　言

袁行霈

“大家小书”，是一个很俏皮的名称。此所谓“大家”，包括两方面的含义：一、书的作者是大家；二、书是写给大家看的，是大家的读物。所谓“小书”者，只是就其篇幅而言，篇幅显得小一些罢了。若论学术性则不但不轻，有些倒是相当重。其实，篇幅大小也是相对的，一部书十万字，在今天的印刷条件下，似乎算小书，若在老子、孔子的时代，又何尝就小呢?

编辑这套丛书，有一个用意就是节省读者的时间，让读者在较短的时间内获得较多的知识。在信息爆炸的时代，人们要学的东西太多了。补习，遂成为经常的需要。如果不善于补习，东抓一把，西抓一把，今天补这，明天补那，效果未必很好。如果把读书当成吃补药，还会失去读书时应有的那份从容和快乐。这套丛书每本的篇幅都小，读者即使细细地阅读慢慢地体味，也花不了多少时间，可以充分享受读书的乐趣。如果把它们当成补药来吃也行，剂量小，吃起来方便，消化起来也容易。

我们还有一个用意，就是想做一点文化积累的工作。把那些经过时间考验的、读者认同的著作，搜集到一起印刷出版，使之不至于泯没。有些书曾经畅销一时，但现在已经不容易得到；有些书当时或许没有引起很多人注意，但时间证明它们价值不菲。这两类书都需要挖掘出来，让它们重现光芒。科技类的图书偏重实用，一过时就不会有太多读者了，除了研究科技史的人还要用到之外。人文科学则不然，有许多书是常读常新的。然而，这套丛书也不都是旧书的重版，我们也想请一些著名的学者新写一些学术性和普及性兼备的小书，以满足读者日益增长的需求。

“大家小书”的开本不大，读者可以揣进衣兜里，随时随地掏出来读上几页。在路边等人的时候，在排队买戏票的时候，在车上、在公园里，都可以读。这样的读者多了，会为社会增添一些文化的色彩和学习的气氛，岂不是一件好事吗?

“大家小书”出版在即，出版社同志命我撰序说明原委。既然这套丛书标示书之小，序言当然也应以短小为宜。该说的都说了，就此搁笔吧。

目　录

中国古代建筑概说

中国位于亚洲大陆的东南部，面积九百六十三万平方千米，是疆域辽阔、历史悠久、人口众多的多民族国家。她的国土东南临海，是冲积平原和丘陵，属海洋性气候；西面深入大陆腹地，是黄土高原和著名的青藏高原和帕米尔高原，属大陆性气候；而从南到北，又跨越了亚热带、温带和亚寒带，地理和气候条件有很大的差异。自古以来，中国各族先民在这片土地上生息发展，受地理条件限制，和古代其他文化中心无直接联系，形成了自己独特的文化。中国至今已有四千年以上有文字可考的历史，是世界上四大文明古国之一。

中国古代的建筑活动，就已发现的遗址而言，至少可以上溯到七千年以前。尽管地理、气候、民族等差异使各地域建筑有很多不同之处，但经过数千年的创造、融合，逐渐形成了以木构架房屋为主、采取在平面上拓展的院落式布局的独特建筑体系，一直沿用到近代，并曾对周围的朝鲜、日本和东南亚地区产生过影响。它是一种延续时间最长、从未中断、特征明显而稳定、流播范围甚广的有很强适应能力的建筑体系。纵观中国古代建筑的历史，尽管可以据其发展过程划分为几个阶段，各阶段中又存在着地域和民族的差异，但透过大量异彩纷呈、千变万化的建筑遗物，仍然可以清楚地看到那些逐步形成、日趋明显稳定的共同特点和因建筑性质、类型不同而产生的多种多样的建筑艺术风貌。

一、中国古代建筑的发展概况

中国古代建筑活动在七千年有实物可考的发展过程中，大体可分为五个阶段，即新石器时代、夏商周、秦汉至南北朝、隋唐至金、元明清。在这五个阶段中，中国古代建筑体系经历了萌芽、初步成形、基本定型、成熟盛期、持续发展渐趋衰落的过程。而后三个阶段中的汉、唐、明三代是中国历史上统一强盛有巨大发展的时期；与之同步，汉、唐、明三代建筑也成为各阶段中的发展高潮，在建设规模、建筑技术、建筑艺术风貌上都取得巨大成就。

（一）新石器时代（约 10000—4000 年前）

已发现建筑遗址大体可分两大系统，南方潮湿及沼泽地带可能由巢居发展到架空的木构干阑，实例是距今七千年前河姆渡遗址的用榫卯与绑扎结合而建在沼泽中的干阑。在黄河中下游，房屋由地穴、半地穴发展成为以木骨抹泥墙为主体，上覆草泥顶的地上建筑，实例是西安半坡和临潼姜寨遗址，它们已形成以大房子为中心的聚落。

（二）夏商周（前 21 世纪—前 221 年，包括春秋战国）

夏是古史传说最早的朝代，其遗址已有线索，现正在探查中。已发现最早的此期遗址属早商。夏商周的中心地区都在黄河中下游，属湿陷性黄土地带；为防止地基湿陷，发明了夯土技术，既可消除黄土的湿陷性，又可筑高大的台基或墙壁，建造大型建筑。夯土施工简单，就地取材，是中国古代最基本的建筑技术之一，沿用至今。

西周约始于前11世纪。近年发现的陕西岐山周立国前的建筑遗址已是两进的院落式房屋。外墙为夯土或垛泥承重墙，室内用木柱，木构架草屋顶，局部用瓦。室内还用贝壳嵌饰。在扶风发现西周中期房址，面积达二百八十平方米，用夯土筑台基和隔墙，内部全用木构架承上层的圆屋顶，构架颇为复杂。在西周铜器上已出现了柱间用阑额，柱上用斗的形象，是斗栱的萌芽。

木构架承重，使用斗栱，院落式布局，是中国古代建筑不同于其他建筑体系的特点，在西周已基本形成。

春秋战国时（前770—前221年），周王室衰微，出现五霸、七雄，都建造都城宫殿，建筑有巨大发展。各国都城都有大小二城，小城为宫城，大城为居民区。居民区内用墙分割为若干呈方格网布置的封闭居住区，称“里”，实行宵禁。还有定时开放的封闭的商业区，称“市”。宫城内主要宫殿为以阶梯形夯土台为核心逐层建屋的二层以上建筑，称“台榭”。各层土台边缘和隔墙要用壁柱和横向的壁带加固，防止受压崩塌。在战国，中山王墓中发现一刻有其陵园规划图的铜板，并记有尺寸，堪称中国最古的建筑图，证明这时大的建筑已按规划设计图建造。考古发掘证实，到战国时，宫室使用模制花纹的地面砖和瓦当，地面及踏步铺空心砖，地面用朱色抹面，墙壁素白并绘有壁画，壁柱壁带上用金铜装饰或镶嵌玉饰，十分豪华。夯土台上有巨大的集水陶管和下水道，其技术和艺术水平都明显高于春秋时期。

（三）秦汉魏晋南北朝（前221—581年）

秦（前221—前207年）　秦是强盛而短暂的王朝。统一全国后，仿建六国宫殿于咸阳，在渭水南岸建新宫，都是空前规模的建筑活动，全国各地的建筑技术、建筑艺术得到一个交流融合与发展的机会。秦拟把咸阳扩建为夹渭河两岸的桥相连的空前庞大的都城，未及完成即覆亡。在骊山建秦始皇陵也是巨大工程，坟山方三百五十米以上，高四十三米，有两重围墙。陵区发现大量花纹瓦件、花砖、雕花纹地面石、云气纹的青铜门楣、石雕下水道等，都很精美。史书记载其墓室极为豪华，从在陵东发掘出的巨大军阵俑坑看，是可信的。

汉（前206—220年，附新莽）　继秦建立的汉朝是中国古代第一个全国统一、中央集权的强大而稳定的王朝，其建筑规模和水平也达到古代的第一个发展高峰。

西汉的首都长安围绕渭水南岸秦代旧宫而建，受已有宫殿和渭河走向限制，轮廓不方整。全城面积三十六平方千米，开十二座城门，城内辟八条纵街，九条横街，街宽近四十五米，布置有九市、一百六十闾里，都是用墙围起的城中小城。城内宫殿均不居中，中轴线上是一南北大街，宫在街两侧，宫门外都建巨阙，主要殿堂仍是巨大的台榭。城内还建有官署府库。近年发掘的西汉国家武库由数座建筑组成。最大一座进深竟达四十五米，残长一百九十米，用夯土墙分成四个大房间，其体量以今天标准看也是巨大惊人的，可知西汉国力之强盛。西汉末和王莽时，在长安南郊建明堂及王莽宗庙。宗庙共十一座，分前后三排，互相错位。每庙院落正方形，四面开门，正中建一方四十米左右的台榭，一座特大的台方约八十米，这是迄今所见最巨大完整的汉代建筑群。通过它可知明清北京天坛这种高度对称的建筑布局在汉代已出现了。

西汉帝陵建在渭河北高地上，每陵还附有一陵邑，共有七个，都是闾里制的小城，迁各地富豪和先朝旧臣入居，既减轻长安人口压力，也发展了长安周围的经济，近似于现在的卫星城。

公元25年，东汉定都洛阳。洛阳平面为南北长矩形，面积九点五平方千米，城内有南北两宫，但未形成共同的南北轴线。东汉的官署规模巨大，宠臣邸宅有多重院落，曲折连通，有暖房、凉室等设施，有的附有园林，在现存汉陶屋和画像石中都可看到其大体形象。

从东汉明器陶屋和画像石看，中国古代三种主要木构架形式——柱梁式、穿逗式、密梁平顶式都已出现，已能建造独立的大型多层木构楼阁。西汉以来出现了砖石栱券结构，东汉更盛，除筒壳外，还能建双曲扁壳及穹隆。但因土木结构发展在前，而初期又不能造大跨砖石栱券，遂用来建墓室。久之，在人的概念中又把栱券与冢墓联系起来，更难用于宫室。东汉末年开始用于桥梁，魏晋南北朝后用于砖塔，但始终不能和木构架房屋匹敌。

汉代建筑遗物，只有石祠和石阙。四川一些东汉阙仿木结构雕出柱、阑额、斗栱、椽飞、屋顶，比例优美，风格雄健，可视为汉代木建筑之精确模型。

三国（220—265年）　中国分裂为三个政权，其建筑是东汉之延续。值得注意的是曹魏都城邺城把宫室建在城北，官署居宅在城南，有一条全城南北轴线，自南而北，正对宫殿。它是中国历史上第一座轮廓方整、分区明确、有明显中轴线的都城，对后世都城发展颇有影响。

两晋南北朝（265—581年）　西晋取代曹魏并统一全国后，很快覆亡，残余势力在江南建国，即东晋，中国陷入南北分裂局面。北方先后建立十几个少数民族政权后，统一于鲜卑族建立的北魏，南方自420年刘宋代东晋后，经历了宋、齐、梁、陈四朝，形成南北对峙。史称南北朝时期。此期间东晋、南朝在建康（今南京）建都。建康西枕长江，南临秦淮河，水运发达，商业繁荣，四周城镇簇拥，连成东西、南北都达四十里的巨大城市。北魏迁都洛阳，在汉魏故城外拓展外廓，东西二十里，南北十五里，建三百二十坊，辟方格网街道，为以后隋唐长安渊源所自。

此期建筑上最值得注意的是佛教传入，大建寺塔。佛教是外来宗教，为在中国传播，迅速中国化；寺庙取中国宫殿、官署的形式，以示佛的庄严和极乐世界的壮丽美好。塔也与传统木构楼阁结合起来。在现存北朝各石窟中都清楚地表现出这一中国化的过程。由于社会不安定，南北两方都求福佑于佛，建寺成风。史载南朝建康有四百八十寺，北魏洛阳有千余寺。516年北魏胡太后在洛阳所建永宁寺塔，高九层，总高四十余丈，下为土心，可能是历史上最高的木塔。唯一遗留至今的北魏塔是河南登封嵩岳寺十五层十二面砖塔，高三十八米，外轮廓作抛物线形，曲线优美，用泥浆砌成，施工难度颇大，表现了很高的艺术和技术水平。

此期长达八百年，以秦汉为高峰，中国古代建筑的木构为主、采用院落式布局的特点已基本成熟和稳定，并与当时社会的礼制和风俗习惯密切结合。所以在东汉至南北朝时，佛教和中亚文化包括建筑大量传入，只能作为营养被这个体系消化吸收，而不能动摇其建筑体系。三国至南北朝约三百五十年间中国南北分裂，在造成破坏和衰退的同时，也出现了各地区各民族建筑交流的机会。魏晋玄学和佛教哲学的传入，冲破了两汉经学和礼法对人思想的束缚，艺术风尚相应发生变化。建筑风格也随之发生变化，外观由汉式的端严雄强向活泼遒劲发展，屋顶由平面变为凹曲面，屋檐由直线变为两端上翘的曲线，柱由直柱变为梭柱，由西方传入加以改造的流畅连绵的植物纹样代替了汉代规整的几何图案。建筑外观形象焕然改观，开一代新风，为下一阶段隋唐时期建筑的新发展准备了条件。

（四）隋唐五代宋辽金（581—1279年）

隋（581—617年）　和秦相似，统一全国后因使用民力过急，造成经济破坏和全国动乱，很快覆亡。但它在短期内能进行大量建设，显示了统一后宏大的气魄和迅速增强的经济力量。隋建大兴城（唐改称长安）和开大运河都堪称人类历史上的壮举。

582年，隋在龙首原上创建新都大兴，城平面为横长矩形，开十三城门，城内干道纵横各三条，称“六街”，总面积八十四平方千米，是人类进入现代社会以前所建最大的城市。城内中轴线北端建宫城，宫城前建中央官署专用的皇城。在中轴线上有一长八公里、宽一百五十米的主街，经外城、皇城，抵宫城正门，北指宫中主殿，气势之壮，为前所未有。主街左右用纵横街道分全城为一百零八坊和两市。它是吸收北魏洛阳经验创建的，城市之规整，街道之方整宽阔，宫殿、官署之集中，功能分区之明确，均超过前此之都城。这座巨大的城市，一年即基本建成，表现出卓越的设计和组织施工能力。它的设计者是杰出的建筑和规划家宇文恺。605年，宇文恺又主持新建东都洛阳，面积四十七平方千米，也是一年即基本建成。

唐（618—907年）　唐继隋后，恢复经济，安定民生，巩固统一，抗御外敌，很快成为统一、巩固、强大、繁荣的王朝。在此基础上，达到了古代中国古建筑发展上的第二个高峰。

唐改大兴为长安（今西安），修整城墙，建立城楼，制定一系列城市管理制度，使长安成为壮丽繁荣、外商云集的国际性大都会。以后在长安修建了大明宫、兴庆宫两所宫殿，都以壮丽闻名。

唐代所建最宏伟的建筑是武则天在洛阳所建明堂，平面方形，宽八十九米，总高八十六米，高三层，上二层圆顶。这座极巨大复杂的建筑，仅用十个月即完工，可见当时在设计、预制、组织施工诸方面已有很高水平。唐代帝陵多以山峰为陵，在利用自然地形上也有很高水平。盛唐、中唐时显贵住宅豪侈，院落重重，使用高贵木料，家具陈设精美，当时人讥为“木妖”。宅旁园林也颇有发展，大贵族的宅园有占地达四分之一坊的，号称“山池”。隋唐时期佛教兴盛，大寺院规模庞大，建筑豪华，可以比拟宫殿，集唐代建筑、雕塑（佛像）、绘画（壁画）、造园、工艺（供具）于一身。隋在长安建庄严寺木塔，高三百三十尺，反映了当时木结构技术的巨大发展。

唐代建筑留存至今的只有四座木建筑和若干砖石塔。四建筑中，以建于782年的山西五台南禅寺大殿和建于857年的五台佛光寺大殿较重要。虽只能反映唐代建筑的中下等规模和一般水平，远不能和长安名寺相比，但仍可看出这时木建筑已采用模数制的设计方法，用料尺寸规格化，结构构件也顺应其特点做适当的艺术处理，达到建筑艺术与技术的统一，证明木构建筑至此已达完善成熟的地步。唐代砖石塔以方形为多，也有多角形和圆形；有单层，也有多层；形式有楼阁型和密檐型。著名的西安大雁塔、玄奘塔是楼阁型塔。西安小雁塔是密檐塔，其原型源于印度，这时已经中国化了。唐代对外交往频繁，大量印度、西域、中亚文化输入，都被吸收融入中国文化之中，表现出中国文化以我为主兼容并蓄的旺盛生命力。密檐塔的中国化和大量萨珊图案融入中国装饰纹样就是很好的例子。

辽（907—1125年）　契丹族在中国北方所建的辽与北宋对峙。它的建筑是唐北方建筑的余波和发展。其早期建筑如984年所建蓟县独乐寺观音阁几与唐建筑无殊。辽最著名的遗构是1056年建的应县佛宫寺释迦塔，为八角五层全木构塔，高六十七米，是现存最高的木建筑。它设计时，以第三层面阔为模数，每层高度都和它相等，利用斗栱的变化调整逐层立面比例。此塔表明这时设计中除以“材”为模数外，还以面阔为扩大模数，设计更为精密。辽的辖区在经济上落后于中原和关中，辽之文化技术也落后于北宋，而能在建筑上做出如此卓越成就，可以推知在唐、北宋的中心地区，建筑水平应更高于此。

宋（960—1279年）　分北宋、南宋两阶段。北宋与辽和西夏对峙于河北、山西、陕西一线，在一个比唐代小的疆域里创造出高于唐代的经济。它把首都迁到汴梁（今开封），以便通过运河得到江南经济上的支持，汴梁遂同时成为手工业、商业发达的城市。经济活动繁荣到夜以继日，冲破了自古以来把居民和商肆封闭在坊、市之内的传统，使汴梁成为拆除坊墙、临街设店、居住小巷可直通大街的开放型街巷制城市。这是中国古代城市史上的一个巨大变化。北宋时国土分裂，闭关锁国，对外取守势，在城市、宫殿、邸宅建设上都没有强盛、开放的唐代那种宏大开朗的气魄，且经济较发展，社会风气重实际享受，其建筑遂向较精练、细致、装饰富丽方向发展。北宋建筑遗物极少，不能反映主要面貌，但北宋末编的《营造法式》可以弥补此憾。它把唐代已形成的以“材”为模数的大木构架设计方法、其他工种的规范化做法和功料定额作为官定制度确定下来，并附以图样，遂成为现存中国古代最早的建筑法规和正式的建筑图样，是研究宋代建筑并上溯隋唐下及金元的重要技术史料。从中可以看到宋代增加了很多细腻的处理手法和装饰雕刻，室内装修和彩画的品种也大为增加，建筑风格向精巧绮丽方向发展。自晚唐至北宋末的二百年中，室内家具也完成了由低矮供人跪坐的床榻几案向垂足而坐的椅子和高桌转变的过程，在人的室内起居方式上发生重大变革。

北宋亡于金后，在淮河以南建立南宋，与金对峙。南宋定都临安（今杭州），以府城、府衙为都城、宫室，比北宋更小，建筑基本属浙江地方风格，但苑囿及园林精美。南宋园林因借优越的自然条件，植根于高度发展的文学艺术土壤，与诗、词、绘画的意境结合，寄情深远，造景幽邃，建筑精雅秀美，达到很高水平，虽实物不存，但还可在宋代绘画中见其概貌。南宋建筑往往构架带有穿逗架特点，属地方风格，即令官方造的建筑如苏州玄妙观三清殿也是如此。

金（1115—1234年）　金灭北宋，掳得大量文物图书和工匠，所以它的典章制度、宫室器用多是北宋余波。金皇室奢侈无度，装饰精致之余渐趋繁富。现在习见的红墙、黄瓦、白石台阶的宫殿形象，实始于金。

这一阶段延续六百六十余年，以唐为高峰。唐是继汉以后又一个统一昌盛的王朝，它的都城规模宏大，为古代世界第一；在全国按州县分级新建了大量城市，远达边疆地区；建筑群气局开朗，一气呵成，院落空间变化丰富；房屋造型饱满浑厚，遒劲雄放；木构架条理明晰，望之举重若轻；装饰端丽大方而不失纤巧，完全摆脱了汉以来线条方直、端严雄强的古风，进入新的境界。唐所建含元殿、麟德殿、明堂等大型建筑的尺度，以后各朝都未能超过，可以认为接近古代木构建筑尺度的极限。所以无论从建筑艺术还是建筑技术衡量，唐代都是臻于成熟的盛期。

（五）元明清（1271—1911年）

元（1271—1368年）　元原称蒙古，1271年改称元，先后于1234年及1279年灭金及南宋，统一全国，1267年在金中都东北平野上建都城大都（今北京），平面为纵长矩形，面积四十九平方千米。大都也在城内建皇城、宫城，但和长安不同，放在中轴线上前部。皇城包在宫城之外。城东、南、西三面各三门，北面二门，城内道路取方格网式布置，居住区为东西向横巷，称胡同。又自城西引水入城，注入湖泊，南与运河相连，来自大运河的漕船可直抵城内的湖泊中。大都三面各开三城门，宫在南而商业中心钟鼓楼街在宫北，太庙社稷坛在宫前方左右，明显是比附《考工记》王城制度。它是继隋唐建大兴、东都二城后中国古代最后一座按完善规划平地新建的都城，也是唯一的按街巷制创建的开放式的都城。

元官式建筑继承北宋、金的传统，而用材变小，显得清秀，芮城永乐宫、曲阳德宁殿可为代表。元代建筑地方差异增大，北方多用圆木为梁，构架灵活自由；南方继承南宋传统，构架谨严，加工精确，风格秀雅，1320年建的上海真如寺可为代表。元代疆域广大，西藏、新疆、中亚风格建筑都纷纷传入中原。大都万安寺塔（今妙应寺白塔）是西藏式喇嘛塔。建于1281年的杭州凤凰寺和建于1346年的泉州清净寺是阿拉伯式样。同时，内地风格也影响少数民族建筑，西藏夏鲁寺的木制斗栱即是典型的元官式。

明（1368—1644年）　明灭元后，先定都南京，由江、浙工匠修宫室，故明宫室建筑受南宋以来影响巨大。永乐帝迁都北京，南京建筑式样遂成为明官式的基础。明是唐以后汉族建立的唯一全国统一的政权，立国之初气魄甚大，在订立制度、巩固统一上做了很多事，也包括订立建筑制度。对王府、各级官署、官民住宅，从布局、间数、屋顶形式、色彩都有规定；对地方城市也进行大力修整，砖包城墙，修建钟鼓楼等都在此时。这些对明清两代城市和建筑面貌都有深远影响。

1421年明在元大都基地上稍南移建新都北京，街道、胡同沿用元大都之旧，皇城、宫城、宫殿则全部新建。北京有一条长七公里的南北中轴线，皇城、宫城在城内中轴线上稍偏南部，轴线穿过皇城、宫城的正门、主殿，出皇城墙北以钟鼓楼为结束，全城最高最大建筑都在这条线上，形如全城脊椎。衙署在皇城前，太庙、社稷坛在宫城前左右分列，其余布置住宅、寺庙、仓库，规划之完整、气魄之雄大，唐以后无可与其匹敌者。北京紫禁城宫殿、太庙、天坛等都是现存最完整、宏伟的建筑群，是表现院落式布局的最杰出范例。它们的总平面设计也使用了扩大模数，表现出运用模数进行设计的新发展。明代宫殿、坛庙都用楠木建造，以斗口为单体建筑设计模数，外形谨严，采用红墙黄瓦白台基，风格划一，在设计和施工质量上又有进步。

明代起，随着地方经济发展，地方的建筑特色愈益鲜明。现存安徽歙县和山西襄汾的明代住宅既有共同的时代气息，又清楚表现出南北地方风格的差异。明中后期造园之风大盛，有城市山林特点的宅旁园取得杰出成就，并在其基础上出现造园理论和技术名著《园冶》，下启清代江南造园新高峰。

清（1644—1911年）　清定都北京，沿用明的都城宫室，未做重大改变。清官式建筑即明官式的继续和发展。1733年，清颁布《工部工程做法》，以开列二十几座典型、常用的官式建筑的详细尺寸的形式，表达明、清两朝官式建筑的设计规律和特点。它以斗口（横宽）或柱径（三斗口）为模数，便于计算；简化梁柱结合方式，斗栱蜕化为垫托装饰部分。清式虽外观较宋式谨严，构架类型也较少，但标准化程度高，利于大量预制，并保证建筑群组统一协调，在艺术和技术上都达到一定水平。清代雍、乾两朝建了大量建筑，工期都不长，标准化程度高起了很大作用。

清代最突出的建筑成就之一是造园。北京西郊的三山五园和承德避暑山庄都是新创的苑囿，规模远远大于明代。南北私家园林也蔚为大观，共同反映了古代造园艺术的最高水平。

清代各少数民族建筑也有长足的发展。清廷为加强民族团结，仿各兄弟民族著名建筑在避暑山庄附近建十余座寺庙，俗称外八庙。它在清全盛期的艺术、技术基础上，熔各民族建筑于一炉而又加以创新，给已高度程式化的清式建筑增添了清新活泼的生机，成为中国古代建筑的最后一朵奇葩。

此期中，明代不仅建了南京、北京两座都城和宫殿，并且恢复、修整、重建了大量地方城市，订立了各类型建筑的等级标准，中期增修长城，给有两千年历史的伟大工程做了一个辉煌的总结。明代堪称中国古代继汉、唐以后最后一个建筑发展高峰。清初在明的基础上续有发展，但中叶以后官式建筑由成熟定型转为程式化；建筑风格由开朗规整转为拘谨，由重总体效果转到倾向于过分装饰，构架由井然有序、尺度适当转为呆板痴重；官式建筑和清朝国势同步走向衰颓的道路，至1840年以后更是每况愈下，一蹶不振。但与此同时，一些经济较发达地区的地方建筑还有所发展。

二、中国古代建筑的基本特点

中国古代建筑在其漫长的发展过程中逐渐形成若干与其他建筑体系明显不同的基本特点，它形成雏形于商周之时，延续至清末，时间至少有三千年之久。其间有发展变化，也有停滞衰落，有高峰也有低谷，在建筑风格上的演变更是绚丽多彩，但这些基本特点始终存在并日益发展完善，大体可归纳为三个方面。

（一）以木构架为房屋的主要结构形式

中国古代建筑的主要特点之一是房屋多为木构架建筑，砖石结构建筑就全国范围和历史发展而言，始终未能大量使用。这种房屋以木构架为房屋骨架，承屋顶或楼层之重，墙壁是围护结构，只承自重。室内可以不设隔墙，外墙上可以任意开门窗，甚至可以建没有墙壁的敞厅。古代木构架主要形式有三种：

（1）柱梁式：在房屋前后檐相对的柱子间架横向的大梁，大梁上又重叠几道依次缩短的小梁，梁下加瓜柱或驼峰，把小梁抬至所需高度，形成三角形屋架；在相邻两道屋架之间，于各层梁的外端架槫，上下槫之间架椽，形成屋面呈下凹弧面的两坡屋顶骨架。每两道屋架间的室内空间称“间”，是组成木构架房屋的基本单位（图1）。

（2）穿逗式：与柱梁式在柱上架梁、梁端架槫不同，穿逗式是沿每间进深方向上各柱随屋顶坡度升高，直接承槫，另用一组称为“穿”的木枋穿过各柱，使之联结为一体，成为一道屋架；各屋架之间又用一种称为“逗”的木枋连系，构成两坡屋顶骨架。槫上架椽，与柱梁式同（图2）。

（3）密梁平顶式：用纵向柱列承槫，槫间架水平方向的

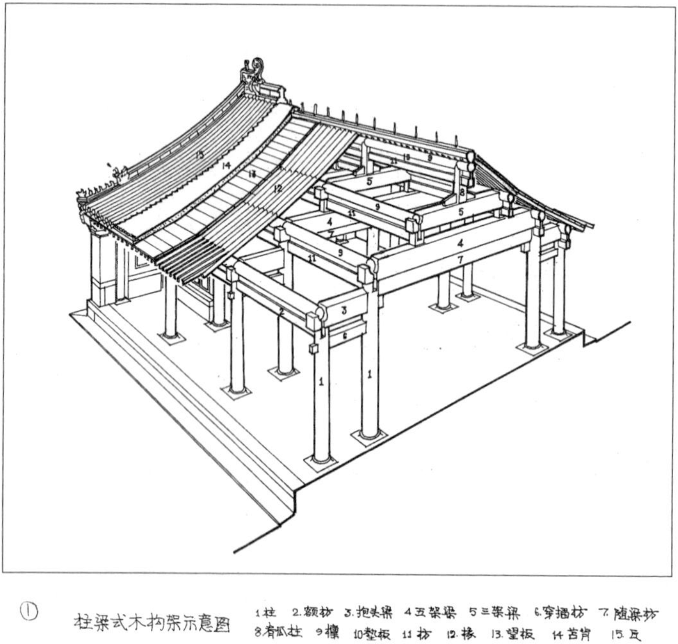

图1　柱梁式木构架示意

椽，构成平屋顶。檩实际是主梁（图3）。

前两种是用于坡屋顶房屋的构架。其中柱梁式使用得最广，历代官式建筑均是此式，华中、华北、西北、东北也都用此式来建屋；穿逗式流行于华东、华南、西南，但这些地区的寺观、重要建筑仍多用柱梁式。密梁平顶式流行于新疆、西

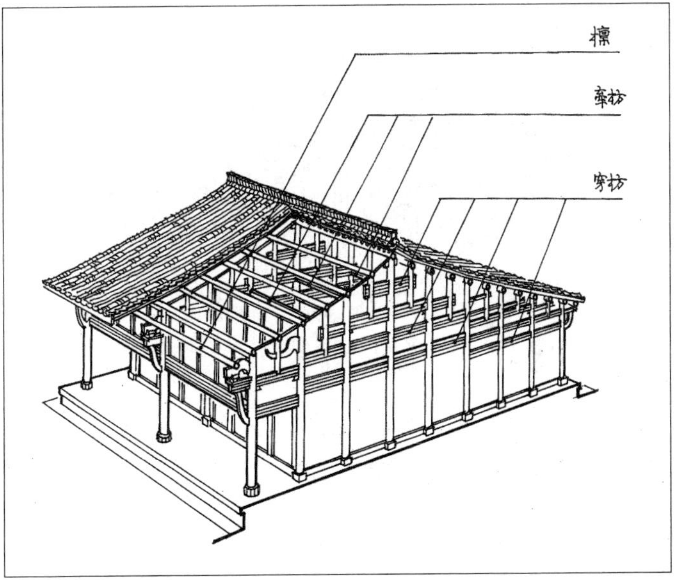

图2　穿逗式架构造示意

藏、内蒙古各地。

因房屋采用木构架，随之也产生了一些重要特点：

（1）外观分三段：木构房屋需防潮和雨水淋濯，故需有高出地面的台基和出檐较大的屋顶，遂在外观上明显分为台基、屋身、屋顶三部分（图4）。

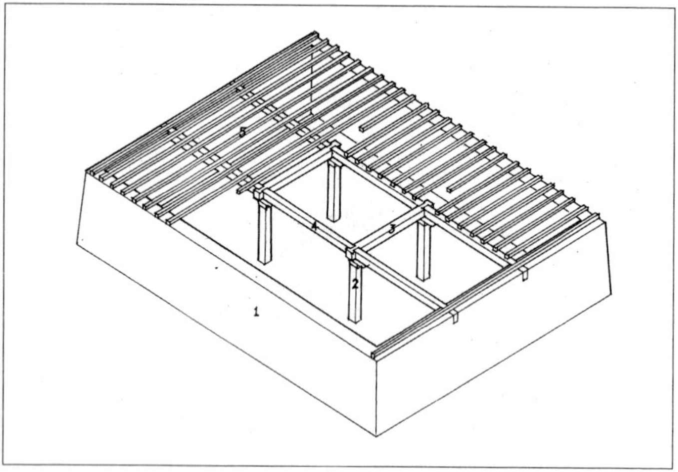

图 3 密梁平顶式木构架示意

（2）屋面凹曲，屋角上翘的屋顶：柱梁式房屋的屋面在汉代还是平直的。自南北朝以来开始出现用调节每层小梁下瓜柱或驼峰高度的方法，形成下凹的弧面屋面，使檐口处坡度变平缓，以利采光和排水。中国建筑屋顶除两坡外，重要建筑的屋顶还有攒尖（方锥）、庑殿（四坡）和歇山（庑殿与两坡的结合）等形式（图5）。后三种在相邻两面坡顶相交处形成角脊，下用四十五度的角梁承托。宋以前角梁和椽都架在檩

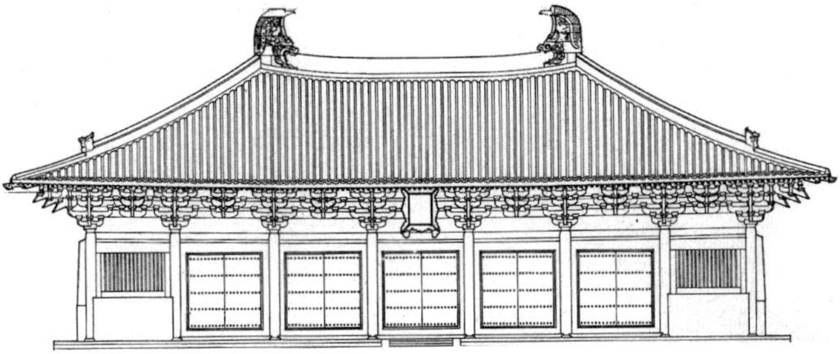

图 4　佛光寺大殿外观

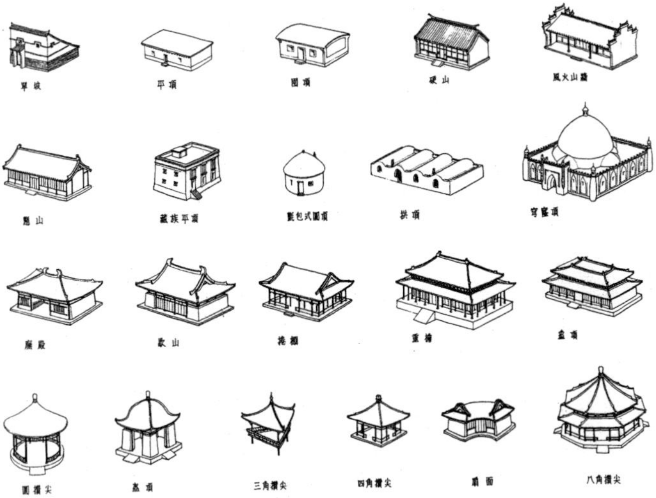

图 5　各类型屋顶

上，而角梁之高大于椽径两倍左右。在汉代，椽子和角梁下面取平，故屋檐平直，但构造上有缺陷。至南北朝时，开始出现使椽上皮略低于角梁上皮的做法，抬起诸椽，下用三角形木垫托，这就出现了屋角起翘的形式；至唐成为通用做法，后世更设法加大翘起的程度，遂成为中国古代重要建筑在屋顶外观上又一显著特征，称为“翼角”（图6）。

图 6　翼角构造示意

（3）重要建筑使用斗栱：至迟在西周初，在较大的木构架建筑中，已在柱头承梁檩处垫木块，以增大接触面；又从檐柱柱身向外挑出悬臂梁，梁端用木块、木枋垫高，以承挑出较多的屋檐，保护台基和构架下部不受雨淋。这垫块和木枋、悬臂梁经过艺术加工，即成为中国古建筑中最特殊的部分——“斗”和“栱”的雏形，其组合体合称“斗栱”。到唐宋时，斗栱发展到高峰，从简单的垫托和挑檐构件，发展成与横向的梁和纵向的柱头枋穿插交织、位于柱网之上的一圈井字格形复合梁。除向外挑檐、向内承室内天花外，更主要的功能是保持柱网之稳定，作用近似于现代建筑中的圈梁，为大型重要建筑结构上不可缺少的部分（图7）。元明清时，柱头之间使用了大小额枋和随梁枋等，使柱网本身的整体性加强，斗栱遂不再起结构作用，逐渐缩小为显示等级的装饰物和垫层（图8）。斗栱在中国古代木构架中使用了两千年以上，从简单的垫托到起重要作用，再到成为结构上可有可无的装饰，标志着木构架从简单到复杂再到简单的进步过程。由于斗栱的时代特征显著，有助于对古建筑断代，近年颇为建筑史家所注意及深入研究。

（4）以间为单位，采用模数制的设计方法。中国古代建筑的两道屋架之间的空间称一间，是房屋的基本计算单位。每

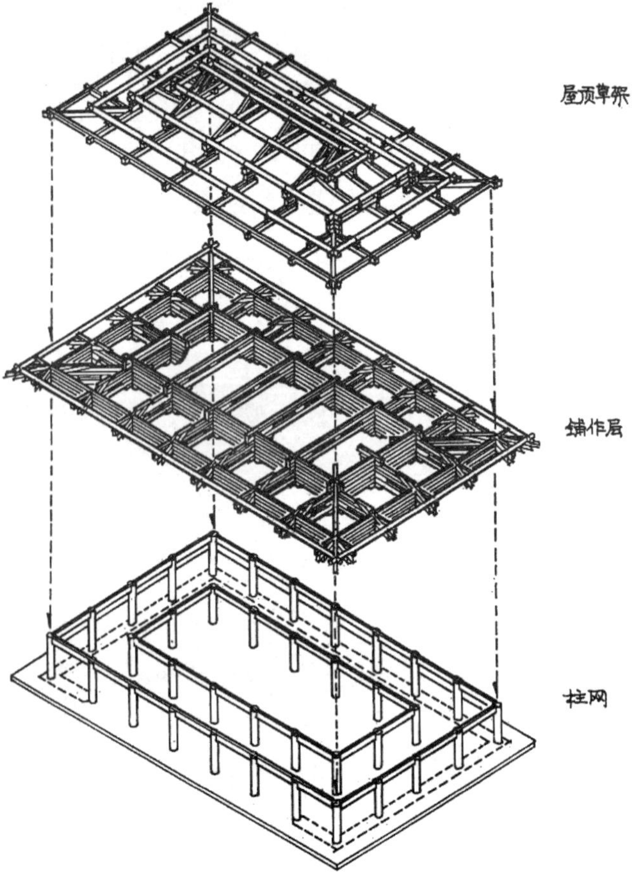

图 7　唐宋木构架分解示意

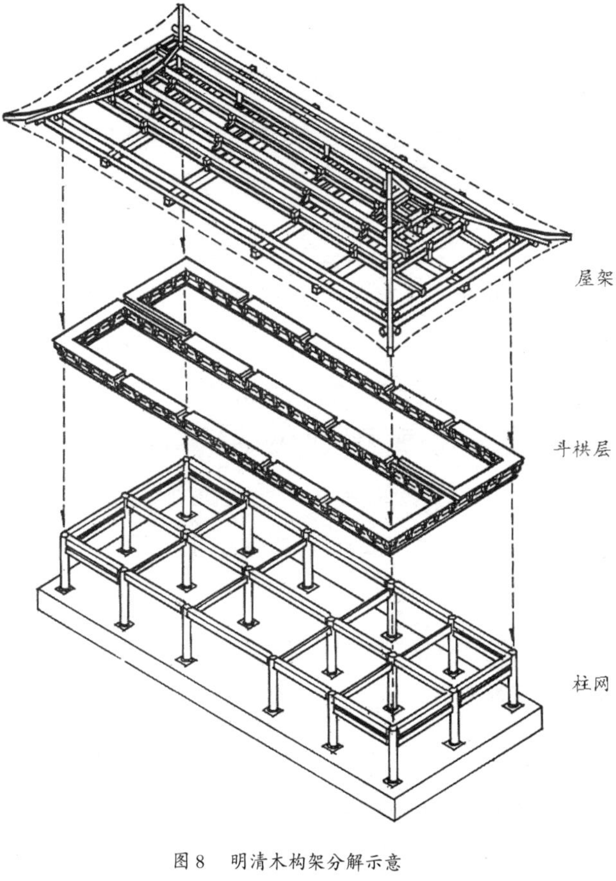

图 8　明清木构架分解示意

间房屋的面宽、进深和所需构件的断面尺寸，至迟到南北朝后期已有一套模数制的设计方法，到宋代发展得更为完备、精密，并被记录在1103年编定的《营造法式》这部建筑法规中。这种设计方法是把建筑所用标准木枋（即栱和柱头枋所用之料）称“材”，“材”分若干等（宋式为八等），以枋高的十五分之一为“分”，“材”高是模数，“分”是分模数。然后规定某种性质（如宫殿、衙署、厅堂等）、某种规模（三间、五间、七间、九间、单檐、重檐）的建筑大体要用哪一等材，再规定建筑物的面阔和构件断面应为若干“分”，并留有一定伸缩余地（这部分数字应是多年经验积累所得，从现有实物看，所定断面尺寸都存一定安全度）。建屋时，只要确定了性质、间数，按所规定的枋的等级和“分”数建造，即可建成比例适当、构件尺寸基本合理的房屋。这种模数制的设计方法可以通过口诀在工匠间传播，不需绘图即可设计房屋、预制构件，有简化设计、便于制作、保持建筑群比例风格大体一致的优点。中国木构架房屋易于大量而快速组织设计和施工，采用模数制设计方法是重要原因之一。

（5）室内空间灵活分隔：木构架房屋不需承重墙，内部可全部打通，也可按需要用木装修灵活分隔。木装修装在室内纵向或横向柱列之间。分隔方式可实可虚。实的如屏门、桶扇、板壁等，把室内隔为数部，用门相通；虚的如落地罩、飞罩、栏杆罩、圆光罩、多宝槅、太师壁等，都是半隔半敞，不设门扇，既表示出空间上有限隔，又不阻挡视线，并可自由通行，做到隔而不断（图9~11）。大型房屋还可把中部做单层的厅，左侧、右侧、后侧做二层楼，利用虚、实两种装修组织出

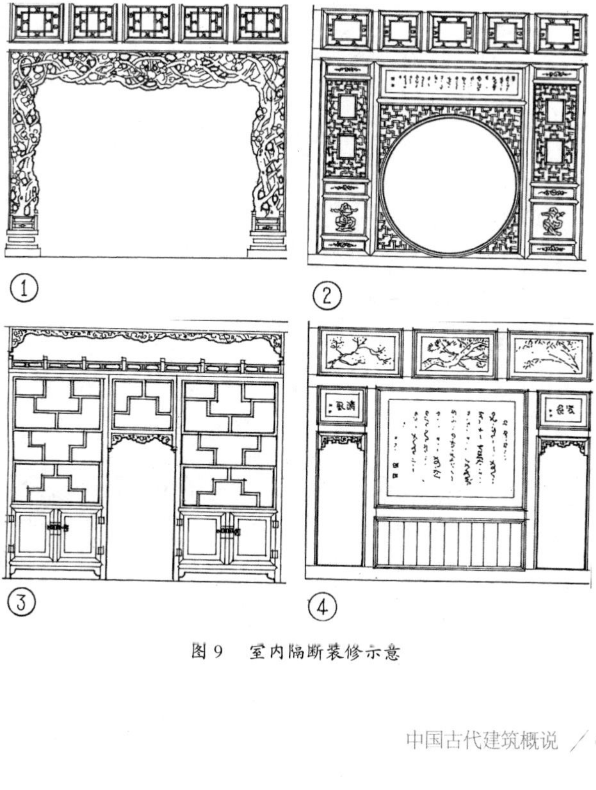

图 9　室内隔断装修示意

图 10　室内装修落地罩

图 11　室内装修圆光罩

部分开敞、部分隐秘而又互相连通和渗透的室内空间。

（6）结构构件与装饰的统一：木构架建筑的各种构件，往往顺应其形状、位置进行艺术加工，使之起装饰作用。例如，直柱可加工为八角柱或梭柱；柱下的础石和柱櫍上加雕刻；柱间阑额插入柱时的垫托构件雀替下部做成蝉肚曲线，使之更显得有力，并在两侧加雕饰；斗底抹斜、栱头加卷杀，改变其方木块和短木枋的原形，使斗栱兼具装饰效果；梁由直梁加工成月梁，造成举重若轻之感。屋檐的飞椽端部也加卷杀，逐渐变得尖细，以增强翼角翚飞的效果。不仅木构件，屋顶瓦件也多兼实用装饰于一身。如屋脊原是盖住屋顶转折处接缝的，鸱吻、兽头是屋脊端头的收束构件，瓦兽原是防屋瓦下滑所钉铁钉于顶上的防水遮盖物，稍加艺术处理，也都变成美观而独具特色的饰物。

（7）油漆彩画：木构房屋为了防腐需涂油漆，有些部位画各种装饰图案，称彩画；这是中国古建筑在外观上又一突出特点。宋以来彩画图案相当一部分源于锦纹。明清以来，北方宫殿寺庙盛行在柱及门窗上涂土红或朱红等暖色，在檐下阴影内的构件如阑额、斗栱等处涂青缘等冷色，并绘各种图案；民间则只能涂黑色。南方除黑色外，还用深栗色。北方官式彩画富丽鲜明，南方雅洁含蓄，风格不同。中国彩画在用色上的最大特点是使用退晕、对晕和间色手法。退晕是把同一颜色而深度不同的色带按深浅度排列。对晕是把两组退晕的色带相并，浅色（或深色）在中间相对，使其在色度变化的同时还造成一定的立体感。间色是把两种颜色交替使用，如相邻二攒斗栱，一为绿斗蓝栱，一为蓝斗绿栱；又如相邻二间的大小额枋枋心，一为蓝上绿下，一为绿上蓝下；只用蓝绿二色，就可得到很绚丽的效果。

（二）中轴对称的院落式布局

中国古代自汉以后，除个别少数民族地区外，很少建由多种不同用途的房间聚合而成的单幢大建筑，主要采取以单层房屋为主的封闭式院落布置。房屋以间为单位，若干间并联成一座房屋，几座房屋沿地基周边布置，共同围成庭院；重要建筑虽在院落中心，但四周被建筑和墙包围，外面不能看到。院落大都取南北向，主建筑在中轴线上，面南，称正房；正房前方东、西外侧建东、西厢房；南面又建面向北的南房，共同围成四合院；除大门向街巷开门外，其余都向庭院开门窗。庭院是各房屋间的交通枢纽，又是封闭的露天活动场所，可视为房屋檐廊、敞厅的延伸或补充。这种四面或三面围成的院落大多左右对称，有一条穿过正房的南北中轴线。院落的规模随正房、厢房间数多少而改变。大型建筑群还可沿南北轴线串联若干个院落，每个称一“进”。更大的建筑群组还可在主院落的一侧或两侧再建一个或多进院落，形成二三条轴线并列，主轴线称“中路”，两侧的称“东路”“西路”。古代建筑，小至一院的住宅，大至宫殿、寺庙，都是由院落组成的（图12）。

这种院落式的群组布局决定了中国古代建筑的又一个特点，即重要建筑都在庭院之内，很少能从外部一览无余。越是重要的建筑，必有重重院落为前奏，在人的行进中层层展开，引起人可望而不可即的企盼心理，这样，当主建筑最后展现在眼前时，可以增加人的激动和兴奋之情，加强该建筑的艺术感染力。这些前奏院落在空间上的收放、开合变化，反衬出主院落和主建筑压倒一切的地位。中国古代建筑就单座房屋而言，形体变化并不太丰富，屋顶形式的选用和组合方式又受礼法和等级制度的束缚，不能随心所欲，主要靠庭院空间的衬托取得所欲达到的效果。从这个意义上说，中国古代建筑是在平面上纵深发展所形成的建筑群与庭院空间变化的艺术。建于15世纪初的明、清北京宫殿是现存最宏伟、空间变化最丰富、最能代表院落式布局特点的杰作。甚至中国的园林，其建筑密度远高于其他建筑体系的园林，实际上仍是由轩馆亭厅为主

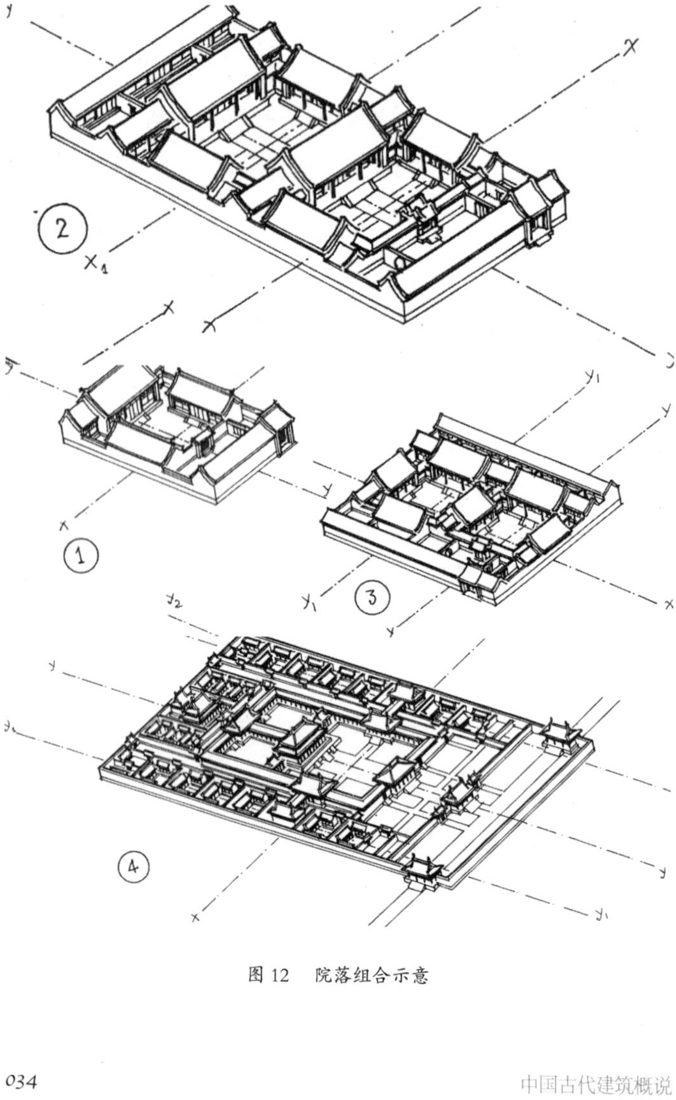

图 12　院落组合示意

体，辅以假山、土丘、树篱、月洞门等围成的平面上向纵深发展的院落和院落群，只是空间限隔较活泼自由而已。

（三）以方格网街道系统为主、按完整规划兴造的城市

中国至迟在商代前期（前16—前15世纪）已出现夯土筑的城墙。在西周到战国时（前11—前3世纪）逐渐形成根据政治、军事、经济需要，按一定规划原则分等级建城的传统。最早的都城规划原则载于战国时的著作《考工记·匠人》中。它对王城和不同等级诸侯城的大小、城墙高度、道路宽度等都做出不同的规定。其中王之都城规定为方形，每面开三城门，城内王宫居中，宫前左右建宗庙和社稷，宫后建市，形成王城的中轴线。这些规定对以后两千多年中国都城建设有很大的影响。

中国古代的大中城市内大多建有小城，在内建宫殿的称宫城，建官署者称衙城或子城。宫城或子城在魏、晋以后大多建在全城中轴线上，四周布置若干矩形的居住区，其间形成方格形街道网。从战国到北宋初（前5—11世纪初），城内居住区都是封闭的城中的小城，称“里”或“坊”。坊内有大小十字街，街内建住宅。城内商业也集中设在定时开放的市中。这种把居民和商业都放在小城中控制起来的城市，后世称之为市

里制城市，是一种封闭性很强、带有军事管制性质的城市制度（图13）。在排列整齐的坊和市之间就很自然地形成方格形的街道网。北宋中期（11世纪中期），由于城市经济繁荣，商

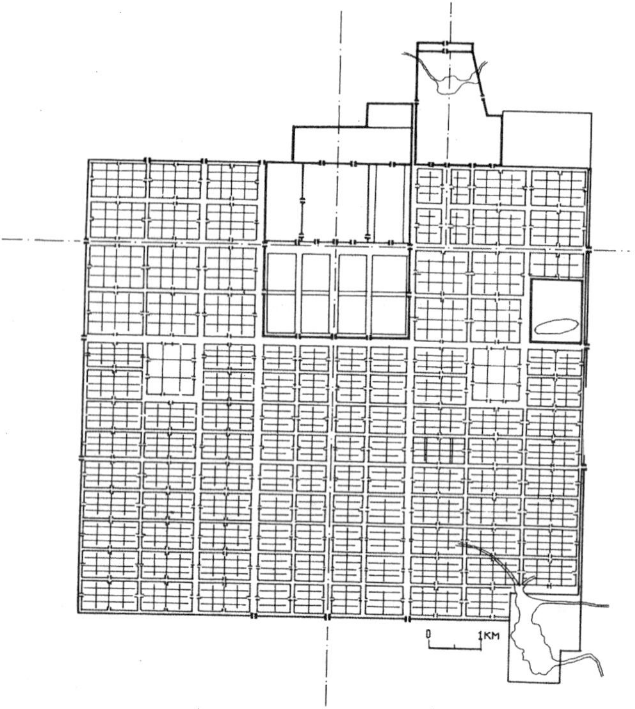

图 13　唐长安平面示意

业首先突破了市的束缚，出现商业街，随后出现夜市，使宵禁不得不取消，最后拆除了坊墙，居住区以东西向横巷为主，可以直通干道，城市的封闭性大为减弱。这种城市后世称之为街巷制城市。北宋后期的汴梁（今开封），南宋的临安（今杭州），平江（今苏州），元代的大都（今北京），明、清的北京和大量明、清地方城市都属此类城市（图14）。街巷开放后，元、明时又在城中心地区建钟楼、鼓楼等报时建筑，成为城市活动中心，并造成特殊的城市街景和轮廓线。中国古代规整的里坊，方正宽阔的街道纲，重点突出的宫城、衙城、官署、钟鼓楼等，形成了中国古代城市的特殊面貌，有其优越之处。但如推求其出现之初，却是在相当程度上以牺牲居民的生活便利为代价的。

以间为房屋的基本单位，几间并联成一座房屋，几座房屋围成矩形院落，若干院落并联成一条巷，若干巷前后排列组成小街区，若干小街区组成一个矩形的坊或大街区，若干坊或大街区纵横成行排列，其间形成方格网状街道，最后形成以宫殿、衙署或钟楼、鼓楼等公共建筑为中心的有中轴线的城市。这就是中国古代城市的特点。它们都是按规划兴建的。除平原地区多建轮廓规整的城市外，在山区、水乡也有很多因地制宜、灵活布局的城市。

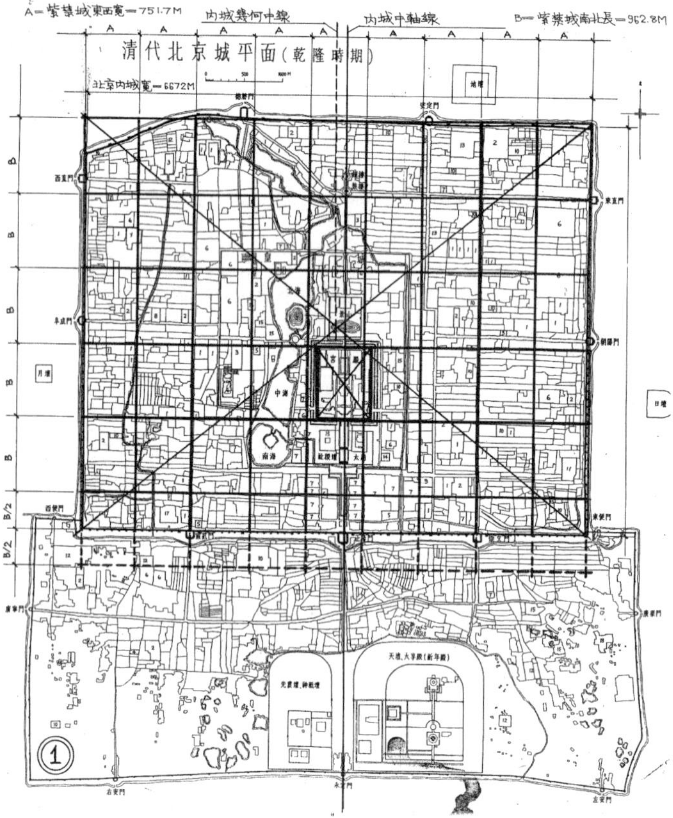

图 14　清代北京平面示意（乾隆时期）

以上的三个特点体现在具体的建筑物、建筑群、城市上时，又要受一个特定的条件约束，即等级制度。

中国古代是受礼法约束的等级森严的社会。礼是行为规范，法是行为禁约，二者相辅，以不同人之间的严格级差，保持人际的尊卑贵贱关系，巩固政权。当时在人的衣食住行上都制定出级差，使人的社会地位一望而知。在住的方面，自春秋以来，史籍上就载有等级限制。大至城市、宫室、官署、宗庙，小至庶人住宅，都不是随业主之好恶和财力随意建造，而要受到等级制度规定的严格限制。以唐至清的等级制度概括而言之：房屋面阔九间为皇帝专用，七间为王以上用，五间限贵族、显宦用，小官及庶人只能建三间之屋；在屋顶形式上，庑殿顶为皇宫主殿及佛殿专用，歇山顶在唐代王及贵官、寺观都可用，宋以后只限王及寺观用，公侯贵官下至庶民只能用两坡的悬山或硬山屋顶，故中国屋顶翼角虽美，但连低于王的贵族显宦也不能用；作为中国古代木构建筑特点之一的斗栱也只限于皇宫、寺观和王府使用，公侯以下仍不许用；在油漆彩画上，只有皇宫、寺观、贵邸方可用朱，一般官可用土红，庶民只能用黑色，至今北方中小县城旧房多涂黑漆，即此禁令之遗；彩画分若干等，色彩最绚丽、用金最多之和玺彩画只能用于宫殿主殿，次要殿宇及王府、寺观多用旋子，贵族、显宦住宅更简单，庶人禁用；琉璃瓦只限宫殿、寺观、王府专用，只有宫殿及佛殿可用黄琉璃瓦，王府及供菩萨之殿只能用绿琉璃瓦，一般贵族显宦用灰筒瓦，低级官员及庶人只能用灰板瓦。在这种种严格的限制下，根据房屋的间数、屋顶形式、瓦的种类、油漆彩画的颜色和品种，房主人的身份、地位即可一望而知。甚至城市也受等级限制，如只有都城城门可开三个门道，正中一个是御道，州郡城正门可开两个门道，县城城门只能开一个门道；州府城和县城的大小、衙署的规模都有级差；只有州府衙前才可建门楼，称“谯楼”。这种等级限制有利有弊。其弊是大量建筑形体接近，同一类型同一等级之建筑个性不突出，非常单调；在禁限之下，发展缓慢，任何创新要得到承认很是困难；一种新做法，一旦为皇帝采用，立即成为禁脔，臣下不许效仿。这些都不利于建筑的发展。其利是风格较易统一协调，而且大量相似的建筑或院落衬托少量斗栱攒聚、翼角翚飞、楼阁玲珑、琉璃耀眼的宫殿、寺观、钟鼓楼等，可以形成重点突出的效果。这种在建筑上表现出的尊卑、主从的秩序，正是封建社会中三纲五常、伦理道德在人的居住环境上的反映。

三、中国古代建筑的主要类型

中国古代建筑在长期发展中，为满足不同使用需要，逐渐形成若干不同的类型。大致可归纳为宫殿、坛庙、住宅、园林、城及城市公共建筑、商业建筑、宗教建筑、陵墓、桥梁几大类。因建筑性质不同，对其建筑艺术要求也不同。古代匠师在长期形成的建筑体系之内，灵活运用各种手法，创造出各类型建筑的独特风貌。

（一）宫殿

中国自夏、商、周开始，迄于清末，三千多年来，国家都是以一姓世袭为君建立起来的王朝。宫殿是皇帝居住并进行统治的地方，也是国家的权力中心，是国家政权和家族皇权的象征。对宫殿建筑来说，除满足上述使用要求外，还要以其建筑艺术手段表现王朝的巩固和皇帝的无上权威。（汉）萧何说宫殿“非壮丽无以重威”，（唐）骆宾王诗“不睹皇居壮，安知天子尊”，很清楚地说明了这个要求。

中国历代王朝都建了大量宫殿，如汉之未央宫，隋唐之洛阳宫，唐之太极宫、大明宫，元之大都大内，明之北京紫禁城，虽时代不同，布局和建筑风格差异颇大，但在内容包括居住、行政两部分和以宫殿表示皇帝尊贵无二这两点上是一致的。西汉与隋、唐相隔七百年，但汉之未央宫、隋唐之洛阳宫、唐之大明宫都把宫中最重要的主殿置于全宫城的几何中心，以表示皇帝是国家的中心，就是例子。

古代宫殿中只有北京紫禁城宫殿保存下来。我们可以看到为了突出皇帝的无上权威，它在建筑布局和艺术处理上所使用的手法。

紫禁城为南北长的矩形，四面各开一门，以南门为正门，中轴线穿过南北之门。宫内大体可分外朝、内廷两部分。外朝在前，为礼仪及行政办公区；内廷在后，为帝后居住区，宫城由若干大小院落组成。内廷主体称“后两宫”，以乾清宫、坤宁宫、交泰殿三殿为主，建在全宫中轴线后部，四周由殿门、廊庑围成矩形院落。乾清宫、坤宁宫二殿都是面阔九间重檐庑殿顶的大殿，属帝后正殿的标准规格，是家族皇权的象征。外朝在中轴线上前部，主体称“前三殿”，即建在高八米的工字形白石台基上的太和、中和、保和三殿，它们四周都用殿门、廊庑、配楼围成院落。它是皇帝举行大朝会及国家其他大典的地方，为国家政权的象征。主殿太和殿面阔十一间，为重檐庑殿顶，殿内用金龙柱，比乾清宫又高一等，是全宫最高规格的建筑。左右的体仁、弘义二阁虽是配楼，也用最高规格的庑殿顶，为全国孤例。院落长四百三十七米，宽二百三十四米，也是全宫最大的。三大殿从院落尺度、建筑大小、形式规格等级而言，是全宫也是当时全国最高级的和独一无二的。经测量，后两宫区的长宽都恰为前三殿区的一半，亦即前三殿区面积为后两宫区的四倍。古代称一姓为君，建立王朝为“化家为国”。把象征家族皇权的后两宫区扩大四倍成为象征国家政权的前三殿区，正是在规划上体现“化家为国”（图15）。

在后两宫东西侧对称建有供妃嫔、皇子居住的东、西六宫和乾清宫东、西五所，共二十二个院落，每侧十一院。这十一院之总面积又和后两宫相等，表明在规划宫殿时，是以后两宫为面积模数的，其他院落是它的倍数或分数。这就是说，它用规划的语言表明这个“国”是以家族皇权为中心的。

汉、唐以来把主殿置于全宫中心的传统仍保持着，但手法有了改变。如在前三殿、后两宫院落四角分别画对角线，则太和殿、乾清宫二殿分别居前三殿、后两宫区的几何中心，表示皇帝不论在国家还是在皇室中都是中心。古人据《易经》的说法，引申皇帝为“九五之尊”。前三殿和后两宫都建在工字形台基上，二台之长宽比都是九比五，以体现“九五之尊”的

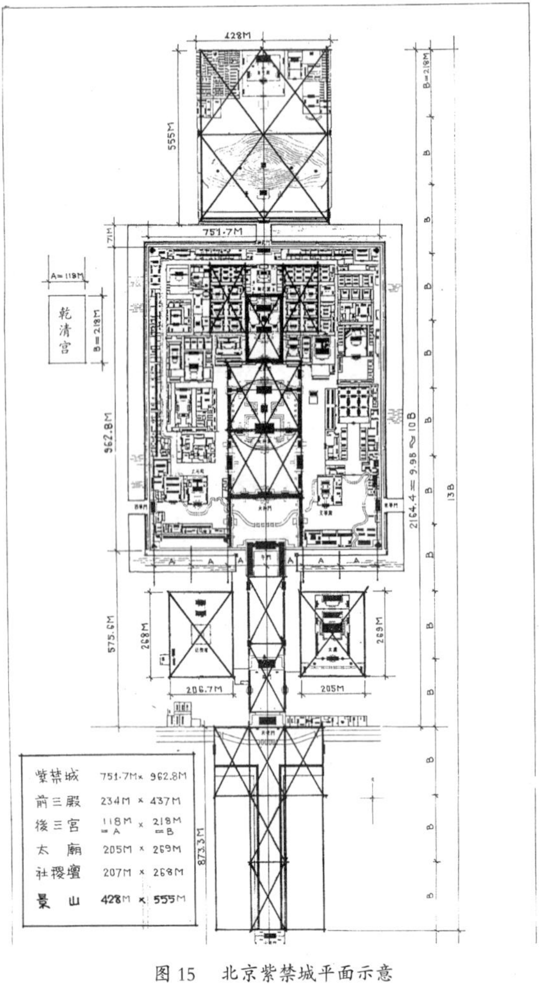

图 15　北京紫禁城平面示意

说法。

除上述规划布局上的示意象征手法外，更主要的是利用建筑环境气氛的感染力，使身临其境者感到皇权凌驾一切的威势。为了衬托中轴线上的前三殿和后两宫，在二者之前都布置了太和门前广场和乾清门前横街，并在宫前和宫内中轴线两侧对称布置大量建筑群。在三大殿之南，远在宫外，布置了大明（清）门、天安门、端门为入宫前奏，总长一千米余，门间长廊夹道，肃穆压抑，北抵双阙夹门更为压抑的午门。午门内为横长的太和门前广场，行人在经过重重门洞和漫长甬道后，至此心情为之稍舒，再北行入太和门，看到更为巨大的纵长形广庭，太和殿巍然高踞北端台上。相形之下，太和门前广场又显渺小，才真正感到“皇居”之“壮”和天子之“尊”。设计者就是通过宫前建筑和庭院空间上的纵、横、纵和收、放、更放的变化对比，衬托出前三殿宏伟开阔、庄重端肃和无与伦比的气势。在前三殿、后两宫左右对称布置比它们低而小的文华、武英二殿和东西六宫，也强烈地起着衬托作用，使中轴线上的午门、太和门及前三殿、后两宫形成一条纵贯南北、高出两旁建筑的中脊，构成侧面看到的立体轮廓线。宫中各院落和单座殿宇在间数和屋顶形式上都表示出等级差别。其规律是中轴线上的大，两旁的小；各院落中正殿大，配殿小。就院落而言，全宫只前三殿、后两宫二组四面开门，但二组中又只有前三殿南面并列开三门，表现出外朝、内廷主建筑群的差异。其次为太上皇、皇太后的主宫院，在南、东、西三面开门。其余各宫院大多只南面开一门。就面阔而言，全宫只有一个太和殿面阔十一间，其次的午门、太和门、保和殿、乾清宫、坤宁宫为九间，再次的皇太后宫的正殿和宫中太庙奉先殿为七间，一般殿宇如外朝之文华、武英二殿及内廷东西六宫都只有五间。间数依次递减。屋顶形式中，只有午门、太和殿、乾清宫、坤宁宫、太上皇宫正殿皇极殿、宫中太庙奉先殿用最高等级的重檐庑殿顶，连皇太后宫正殿慈宁宫也因男尊女卑不得不降一等用重檐歇山屋顶。外朝内廷的武英、文华二殿和东西六宫只能用单檐歇山屋顶，配殿用悬山或硬山屋顶，依次降等。有些殿歇山、硬山不立正脊，做成卷棚，比有正脊者又降一等。建筑彩画分和玺、旋子、苏式三等，中轴线上主门、主殿和太上皇、皇太后宫正殿用和玺，次门及中轴线以外各宫院的建筑多用旋子，苑囿中亭轩多用苏式，也是等级分明。

总起来看，紫禁城内有不下百所院落，每所院落中建筑都有主有从，以配殿衬托主殿。就全宫来说，无数不同规模的次要院落有秩序地组织起来，共同拱卫外朝、内廷的主院落和中轴线上的主殿。整座宫城正是以其建筑形象体现古代社会中的君臣、父子、夫妇的伦常关系和这种关系最顶端的君权、皇权的至高无上的地位。

紫禁城内建筑受礼制限制，都比较严肃，连内廷居住区也缺少生活气息。宫廷历代相传又有一套烦琐的生活起居仪节，甚至皇帝本人也得受“祖训”约束，时感不便，故历朝都喜建别宫或苑囿。明代正德时在西宫大兴土木，嘉靖帝继之。清代则在西郊建圆明三园。它的外朝部分远较紫禁城内简单，居住区则是豪华的园林式邸宅。清帝一般是冬至前返紫禁城，为举行冬至、元旦朝会大典，过正月后，又返回圆明园。这情况表明，宫殿主要是为了满足国家政权和家族皇权的政治需要而建，从生活角度讲，连皇帝住久了也会感到不满意的。离宫苑囿实际是为皇家生活环境提供一种调剂和补充。

（二）坛庙

坛指皇帝祭祀天地、日月、五岳、四渎、社稷、先农的祭坛，庙指皇帝祭祀祖先的太庙。

古代每个王朝都自称“受命于天”，皇帝又称“天子”。继统的皇帝，其权力得自于父、祖，故“敬天”“法祖”是皇帝执政的“合法依据”，是必须时时高唱的口号。坛和庙就是供皇帝表现自己“敬天”“法祖”的场所，是每个王朝不可缺少的建筑。

坛有天坛、地坛、日坛、月坛、先农坛、社稷坛等，都是高出地面的露天祭台，外有护墙和极少量附属建筑，四周密植柏树。其来源是古代的林中空地祭祀。以明、清北京天坛为例，它是皇帝祭天之所，对天坛的设计要求就是要以建筑艺术手法使祭天的皇帝感到“祭神如神在”，使观礼者感到皇帝似乎真能“至诚格天”，应该统治天下。天坛依历代传统，建在都南大道东侧，其始建时要合祀天地，故平面南方北圆，用以象征古代天圆地方之说。目前只有北京明清天坛保存下来，在其南北轴线北端原建合祀天地的大祀殿，后又在其南新建祭天的圜丘，改北部大祀殿为祈丰年的祈谷坛，上建祈年殿，都作圆形，用以象征天。

南部祭天的圜丘为白石砌的三层圆台，外有一重圆墙，一重方墙，都四向开门，方墙外密植柏树，与外界隔绝。祭祀时间选在冬日的早晨日出前七刻，在静谧的环境和黎明微光中行礼，所见只有墨绿色的柏林和色调洁白、形体庄重的圆坛及方、圆壝墙，湛蓝的天幕四面下垂，与柏林相接，笼罩在坛上，使祭者很易产生台子高出地面、浮于林杪、上与天接的联想。圜丘外的方、圆壝墙集中反射声波于台中心，皇帝在台上发出很小声音即可有很强的回声，在科学不发达的古代也可产生微小动作上天皆知的联想。

北部祈谷坛建在高大的方台上，台边建矮墙，台外柏林环拥，造成与世隔绝、浮于林杪之感。方台中间建白石砌的三重圆台，即祈谷坛，坛中心建三重檐的圆形祈年殿。殿之屋檐逐层缩小上举，上层圆锥顶以流畅的弧线上收，冠以高耸的宝顶，外观有强烈的向上趋势。屋顶用深蓝色琉璃瓦，色调端庄沉厚。晴空仰望，圆锥顶的反光变化使局部屋顶与天同色，造成深入蓝天、浑然一体之感。殿内空间也层层内收上举，最后集中到圆顶藻井，井中金龙在暗影中闪烁，也增加神秘气氛。使用这些手法，祈年殿内外都有强烈的向上趋势，形成似乎上与天接的态势。

此外，和宫殿一样，天坛在设计中也使用了一些象征手法。除以圆、方象征天地外，因为天为阳，阳数为三、五、七、九，故圜丘的台基、栏板都是九的倍数，三层台之直径分别为九丈、十五丈、二十一丈，也都是三、五、七、九等阳数的倍数。三层台之栏板共三百六十块，用以象征周天三百六十度。祈年殿的设计则以四根金柱象征四季，内外圈各十二柱象征十二月和十二辰，都和农时有关。这些象征手法在古代常常使用，不点明观者不易察觉，但天坛上与天接的气氛却可明显感受到，可知真正造成这种气氛效果的是上述建筑艺术的处理。近年天坛四周高楼环拥，原设计的柏林造成隔绝尘世的气氛已不存在，但身临其境，想象当年绿柏环拥、天幕四垂的情景，还是可以体会到设计者的构思意图的。

其余各坛和天坛形式不同，但坛之形体规整，色调简单庄重，周以护墙，环以柏树，以造成远隔尘嚣的环境，则是坛庙设计的共同手法。

太庙是表现家族皇权继承的合法性的建筑，在历朝都属最重要的礼制建筑。目前只明、清北京太庙保存下来。按《考工记》左祖右社之说，太庙建在天安门至午门大路的东侧，由两重围墙环绕着，墙外密植柏树，造成隔绝尘世的幽静环境。其核心部分是在内重墙内中轴线北段所建前、中、后三殿；它们都建在白石台基上，左右各有配殿，围成矩形院落。前殿是祭殿，中、后二殿存放已故诸帝的木主。三殿原都面阔九间。清乾隆时改前殿为十一间，使与宫内太和殿同一规格。祭太庙是皇帝家事，规模远小于在太和殿举行的国家庆典，故殿庭小于太和殿，但较小的殿庭更衬出三殿的宏大。殿之彩画不用金光绚丽的和玺而用旋子，门窗也比太和殿简单，有意造成古老、端庄、肃穆的气氛。殿内中央三间不用金而用赭黄色，在殿内幽暗光线下，颇能增加神秘感。殿内后半部原设屏风，并按昭穆一字排开设诸帝御座及几案，家具巨大粗壮而少装饰，有意追求古老、浑厚的效果。中、后殿内把后半分隔成单间以贮木主，帘幕重重，光线昏暗，其神秘感更甚于前殿。太庙包括环境、庭院、殿宇、室内装饰，其设计意图都是既要保持最高级宫殿的规格，又要和生人宫殿有别，不求华丽，宁使其略显古拙、浑朴，甚至有些压抑、沉闷，以造成仿佛回到逝去时代的神秘气氛，使祭者感到虽历世久远，而逝者精神犹存，以激发其思慕追远之情，也使旁观者感到帝位历代相承，渊源有自，一姓之家族皇权巩固。

古代帝王标榜忠孝，故官员也可按法令规定视其级别官阶建规模不等的家庙。当立不立者往往见讥于当世，甚至皇帝都会干涉。庶民百姓不许立庙，只能“祭于寝”。大的宗族还可以建宗祠以祭共祖，规模视财力及先人最高官阶而定。有些远离京城、省城的强宗豪族往往超越规定，建很大的宗祠。宗祠建筑近于住宅而规格稍高，除祭祖外，还可聚会同族，敦睦族谊。必要时，族长还可在此行使族权，调解仲裁族人间纠纷甚至处罚。宗祠内往往设宗塾以课同族子弟，又近于宗族内福利事业。早期重礼法，家庙、宗祠都守“至敬无文”之意，力求质朴、庄重，使与居宅的生活气息有别，造成追慕的气氛。清代有些宗祠，为显示家族权势、财富，所建宗祠规模庞大，装饰烦琐，雕梁镂柱，贴金镶嵌，甚至建倒座戏楼，尽管在装饰工艺上不无可称道之处，但庄严追远气氛尽失，作为祭祀建筑来说，并不能算是成功之作。

祭祀建筑中还有五岳庙、孔庙等，都属国家级祠祀建筑。现存泰安岱庙、登封中岳庙、华阴西岳庙、曲阜孔庙等的规模大多始于北宋，按国家定制兴建。它们基本上都是一小城，有城楼、角楼，内建廊院，中轴线上建正门，门内庭中为工字殿，后世多析为前后二殿，前为祭殿，后为寝殿。正门外建历次祭祀的碑亭。城内廊院四周也密植柏树。

此外，还有名人祠堂，实际是纪念馆，无定期官祭，故不太强调肃穆气氛，甚至有的还建有园林，如四川成都武侯祠、眉山三苏祠等。

（三）住宅

中国地域辽阔，民族众多，因气候、地形和各民族的传统文化、风俗习惯不同，住宅形式各异，是古代建筑中最具特色的一部分。

分布最广的汉族住宅自古以来为院落式布置，以向内的房屋围合成封闭的院落，仅大门对外，比较适合古代以家庭为单位、重视尊卑长幼、男女有别的礼法要求，并能保持安静的居住环境。它以院为基本单位，小宅只有一院。中等住宅在主院前后有小院。大型住宅又分内外宅，外宅为男主人起居并接待宾客之用，以厅为中心；内宅为女眷住所，以堂为中心；加上前院及后罩房或楼，至少有四进院落。再大的住宅在东西侧各有跨院，在外宅为书房、花厅，在内宅为别院，以适应父子兄弟共居的需要。王侯巨邸则在中轴线上的主宅左右建东、西路，自成轴线。一些数世同堂、聚族而居的大族住宅，往往也作此式。这种住宅，一院之中以北为上；北房明间为堂，东西间及耳房为居室，以东间为上；多院住宅中，中轴线上诸院为上；按传统礼法的父子、兄弟、尊卑、长幼之序安排居住。

住宅中，院落既是通道，也是家庭户外活动中心。中小住宅庭院，北方多植海棠、丁香，南方喜种金桂、腊梅，也有陈设盆花的石几，夏夜全家围坐，树影扶疏，很富于家庭情趣。大型邸宅高房广庭，豪华富丽，但主院多不植树，满墁砖地，陈设盆花，在盛夏及喜庆寿诞时搭设天棚，陈设桌椅，即为堂之延伸；倒是其跨院、花厅，尺度适中，庭中多植幽篁花树，檐下装挂落栏杆，较富居宅情趣。这些情况在《红楼梦》所描写的贾府建筑中多有所反映。

同为院落式住宅，由于南北东西地域的气候差异，有很大不同。北方住宅庭院宽阔，如北京四合院中，四面房屋都隔一定距离，用游廊相接，院落多呈横长形，以便冬季多纳阳光。南方住宅则正房、厢房密接，屋顶相连，在庭院上方相聚如井口。这种住宅俗称“四水归堂”，对其庭院则形象地称之为“天井”。南方住宅重在防晒通风，故厅多为敞厅，在空间感觉上与天井连为一体，只有居室设门窗，和北方住宅迥然不同。在室内装修上，有各种虚、实的分隔做法，以满足生活上的不同需要，并形成丰富的室内空间变化。其详细做法见前文基本特点部分。

除了大量的院落式住宅，还有些特殊形式和做法的住宅。如河南、陕西在黄土崖壁上开挖的窑洞住宅，闽东北的横长联排住宅，闽、粤交界一带客家人聚族而居的方形或圆形夯土壁大楼，水乡、山区的临水、依山住宅，都不同程度突破了规整的院落格局，各具特点。其中闽西土楼体量巨大，造型浑朴宏壮；江南临水民居秀雅玲珑，倒影增辉，都可称为古代民居的逸品。一些少数民族住宅，如傣族的干阑竹楼，壮族的麻栏木楼，藏族的石砌碉房，维吾尔族的阿以旺土坯砌住宅，蒙古族和藏族的圆、方形毡帐等，都是由不同功能房间聚合成的单幢建筑，与院落式住宅全然不同，也都独树一帜，各有千秋，共同形成中国古代民居丰富多彩的面貌（图16）。

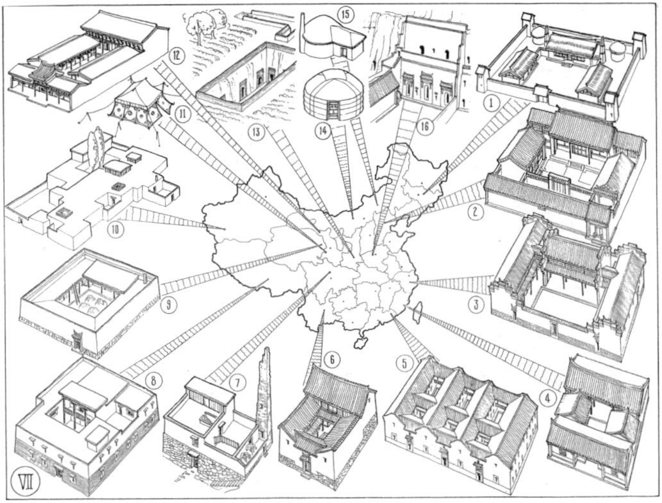

图 16　地方民居分布示意

①吉林民居　②北京“四合院”　③浙江“十三间头”　④泉州民居

⑤梅县客家住宅　⑥云南“一颗印”　⑦茂汶羌族住宅　⑧拉萨藏族住宅

⑨青海庄窠　⑩于田维吾尔族“阿以旺”式民居　⑪甘肃藏族帐篷

⑫甘肃张掖民居　⑬西安平地式窑洞　⑭内蒙古“蒙古包”

⑮“蒙古包”式土房　⑯巩县靠崖窑洞

（四）园林

中国有悠久的造园传统。汉代宫廷苑囿颇受求仙思想影响，喜在池中造象征仙境的蓬莱三岛。离宫别苑地域广大，包括游赏、狩猎、养殖、园圃等不同内容。贵官富豪的私园在汉代出现，盛行于南北朝、隋、唐，宋以后受诗词和山水画的影响而日趋精巧，至明、清达到高峰。

园林可分皇家苑囿与私家园林两大类，由于地理、气候因素，北方、南方园林在风格上也不同。

私家园林是兼供主人游赏、休息、居住之用的宅旁园，以追求隐逸幽静、林下清福为主导思想，使主人虽身居都市而能享山林之乐。受城市用地限制，它不可能简单地重现真景，而是结合中国诗词和山水画的意境，以“师其大意”的带有一定象征性的手法，创造出小中见大、寓情于景、更能概括自然景物之美的神形兼备的景物。中国古代建筑采取院落式布局、在平面上展开的特点同样应用于园林，但不是全用建筑，而杂以山、水、树、石为间隔，构成不同的空间变化。一般园林大多以主要厅堂轩馆面对水池，形成较开阔的主景，在四周以亭、廊、假山、树丛为间隔又构成若干小景、小院，或曲径通幽，或可望而不可即，和建筑中在主院落四周建若干小院同一原理。宅旁园多是人造的丘壑和按特定需要培植的花木，故在叠山、理水、树石布置上有突出成就。一些高水平的园林，虽是平地起山凿池，却能巧妙布置山之起伏脉络、水之曲折源头，使人感到是在自然山水佳处围其一角所造。其中叠山堪称中国古代园林中最突出的特点。叠山的外形和布置颇受中国山水画影响，甚至山之纹理也兼采自然和山水画皴法之长。其精品确能在方丈之地做出峰头水脚、涧谷岩穴之境，创造出仿佛置身于深山穷谷、绝壁危矶之下的意趣。为满足游赏、宴乐、休息、居住要求，中国私家园林中建筑密度都较大，但竭力避免对称而采取借景而造的原则。园内的厅堂亭榭轩馆除实际用途外，本身既是观景之点，又是被观赏的景物，游廊和园径则起着组织最佳观赏路线、分隔空间、增加园景层次和深度的作用。在亭榭中，以门窗挂落为景框，透过它坐玩景物，如面对一幅立体画幅；沿游廊及园径观赏，步移景异，如展阅山水画卷。两者相辅，动静咸宜，各极其妙。这是中国园林很突出的特点。园中建筑多悬匾额对联，石上有铭刻题咏，点明造景的立意，引导游者玩味。中国古代园林与诗词、绘画紧密联系，是高度文化与建筑及造园艺术结合的产物，故对其意境和文化内涵的领略也随游者文化素养而见仁见智，但景色之美则是为人所共赏的。中国古代私园

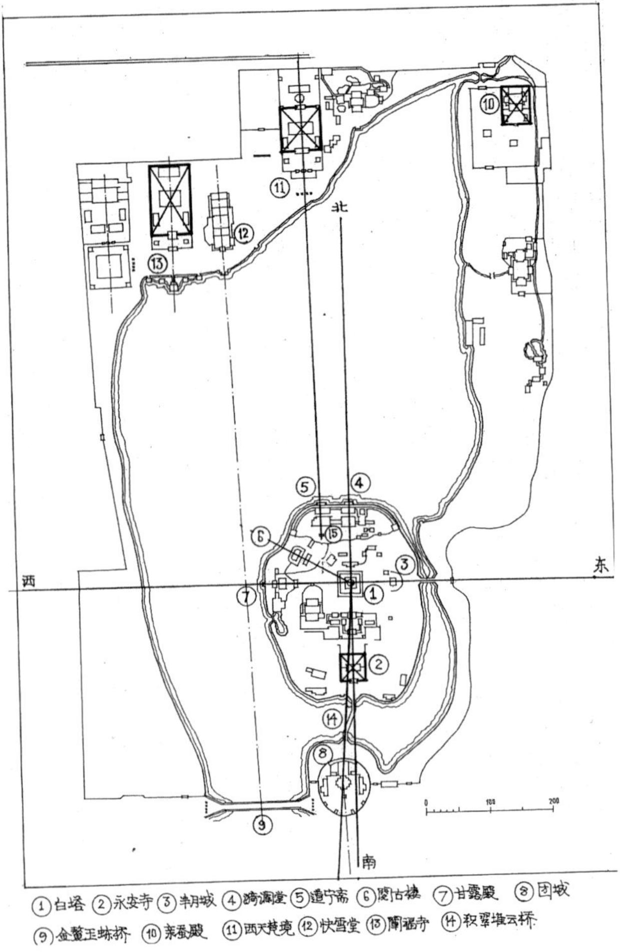

图 17　北海总平面布置示意

以苏州最具代表性，而叠山和以建筑为景框互为对景之作当以苏州的环秀山庄和留园为极致。

皇家苑囿的设计思想不外追求想象中的仙山琼阁和集仿天下名区胜景。在湖中建三岛用以象征东海三神山的布置，从西汉建章宫沿用到明、清北京三海和清代的圆明园，可谓长盛不衰的传统主题。清代北京三山五园和承德避暑山庄中又有大量仿各地名胜之处，如颐和园仿杭州西湖、圆明园仿苏州狮子林、避暑山庄仿镇江金山等。皇家苑囿地域广大，景物多是天然山水与人工结合。其布置特点是划分为若干景区，互为对景，遥相呼应，有时有很复杂的轴线及辐射线关系。例如，北海以琼岛为中心，在其东西南北四向轴线上都有建筑，但其南的团城不在琼岛的南北轴线而偏西。为求呼应关系，把琼岛前之桥做成三折，北折在琼岛南北轴线上，南折在琼岛至团城连接线上，中折为南北二折之连接体，以一桥把琼岛与团城联系起来。琼岛南北轴线与北岸建筑也不相对。为此，在琼岛北面正中的漪澜堂之西又建一道宁斋，与北岸的西天梵境相对，使景物有呼应关系（图17）。在颐和园也有这种轴线呼应或转移的关系（图18）。这情形表明皇家苑囿在总体规划上是经过精心设计的。苑囿中建筑多成组而建，称“座落”。每组是一独立小园林，在全局上又是所在区之景点，并和别区呼应。整个

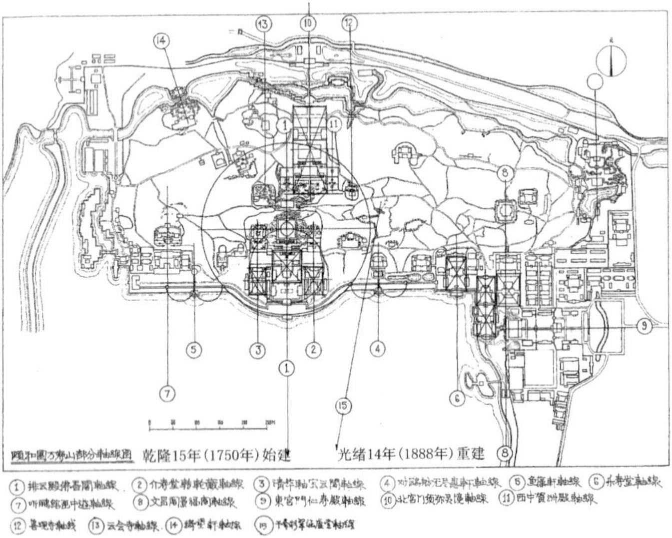

图 18　颐和园万寿山布局示意

苑囿实际是在统一规划下由一系列有对景或互相呼应、互相对比关系的园林群组成的；各小园及点景亭榭可以撷取名区胜景的精华，或隐或显，而少数几处楼台高矗、殿阁翠飞、金碧辉映的主景，则提纲挈领，控制全局，决定该苑囿的特殊面貌。

皇家苑囿富丽开阔，私家园林淡雅幽邃，风格迥异。如以不同风格的山水画来比拟，以江南私家园林为代表的“城市山林”型园林宛如构思精密、浑茫秀润的水墨写意小景，引人遐想；豪华开阔的皇家苑囿则更像青绿设色的仙山楼阁巨幅，使人惊叹叫绝。但正如青绿和水墨山水同为最有特色的中国山水画一样，私家园林和皇家苑囿也同为最有特色的中国古代园林。

（五）城及城市公共建筑

古代城市为了防御，都建有城墙和城壕，辟城门以供出入。早在四千年前的龙山文化时已会用夯土筑城，一直沿用下来。用掘城壕之土筑城可以减少大量土方运输，也已久为古人所掌握。南北朝时邺城、徐州已用砖包砌夯土城墙，但直至唐、宋、元时，包括都城在内，都仍是夯土城墙，只宫城包砖。从明代起才在都城和重要州县城包砌砖墙。城墙上向外一面建垛口，以掩蔽守城人并提供射箭孔；向内一面建防护性女墙。城上每隔三十至五十米建突出的墩台，可以侧向用箭、弩封锁城身，防止敌人攀登，称马面。马面上建掩蔽用小屋，称战棚。

在北宋以前都用木柱承梯形木构架建城门洞。南宋后火药应用于战争，遂改为砖砌券洞。城门墩上建城楼，兼有防御和观瞻作用。汉以后边城多在城门外建曲尺形墙或影壁，使开城门出兵时不为敌所见，称壅门和护门墙，以后发展为包在城门外的半圆形小城，称瓮城。南宋起在瓮城正面建大型战棚，设射箭子楼，称“万人敌”，至明代遂发展成有多层射箭孔的箭楼。瓮城侧面的门上又设闸板，可以放下封门，称闸楼。砖砌的多层箭楼以坚厚胜，木构的城楼以高大玲珑胜，二者前后相重，互相对比衬托，使人对城之壮丽和固若金汤有深刻印象。现存最壮丽的城楼、箭楼是西安城墙的西门，为明代所建。其规模、气势都超过北京的城楼和箭楼。

在宋以前实行坊市制时，城内街道两侧只看到行道树后的坊墙，仅少数贵官才可在坊墙上开门，街景整齐壮阔而略失单调。宋以后的街巷制城市可临街设店，街景繁华，而街道往往被侵占，微显狭隘，风格迥然不同。古代都用鼓声报时。唐代都城长安在宫城正门承天门上设鼓，以鼓声通报城门、宫门、坊门的启闭时间。各州也在衙城正门设鼓报时，称谯楼或鼓角楼，也是高大的城楼。从元代起，在都城北部、皇城之北建钟、鼓楼以报时。明北京继承元代此制，把钟、鼓楼建在城市中轴线北端。明代又在各州、府、县城建鼓、钟楼，多设在十字街头，以代替衙城前的谯楼。它们都是建在高大墩台上的巨大楼阁，巍然高耸，成为城市的中心建筑。它们对形成城市街景和立体轮廓起重要作用，也是中国古城的特色之一。现存的北京钟、鼓楼，西安钟、鼓楼都创建于明代初年，高大壮丽，至今仍对维持古城传统风貌起重要作用。

（六）商业建筑

在宋以前的坊市制城市中，商业集中在市内。市四周有墙，墙上开市门，市内中间设市楼，为管理官员办公处。市楼四周成行地布置商店，称肆。每行间道路，称隧。沿市墙内四周设仓库。这种市的形象在汉代画像砖上可以看到。北宋以后的街巷制城市可以沿街设商店，密集的成为商业街，商业街集中处遂成为商业中心。

商业建筑的特点除便于陈设货物外，外观要华美，显示实力雄厚，并且要有本行业特点，使顾客易于识别。历时既久，就形成不同商店的特点。各种商店中，以银楼、绸缎店、茶店、药材店、酒楼最为富丽，门面可以为二层甚至三层楼，有雕镂精致的装修，悬挂精致甚至是豪华的招牌幌子。有的在店前建牌楼，以雄富相夸耀，吸引顾客。

传统的院落式布局也适用于商店。一般商店多临街设店面，后院为库房。大型商店本身即为一二进院落，甚至前后进均为楼屋，以楼廊相连。有的还略有园林小景。传统商店保存至今的较少，杭州的胡庆余堂中药店是豪华型院落式商店的典型。清中、后期在北京前门内棋盘街前东西侧建豪华店面，号称“天街”，实是为城市装点门面的，当时北京的商业中心并不在这里。清末宁波一些茶店、金店在雕镂装修上满施金漆，极尽炫耀之能事，也很有代表性，可惜都已不存在了。

（七）宗教建筑

中国古代宗教建筑，主要有佛寺、道观、清真寺等，而以佛教寺庙数量最多。宗教建筑除便于进行宗教活动外，还要以建筑艺术造成特定环境和气氛，用以吸引信徒，增强其信仰。

1. 佛寺。佛教在西汉末传入中国，最初以供舍利的塔为崇拜对象。精深的佛教唯心哲学也和中国魏晋时盛行的玄学互相补充，得到上层士族的尊信。但作为外来宗教，要在已有近千年传统的儒学盛行的中国大发展，必须中国化和世俗化，以中国人易懂的说法和乐于接受的形式传播。十六国以后，中国陷于三百年分裂动荡，人民苦难深重。佛教以宣扬佛救苦度世的伟力和因果报应之说，吸引了大量苦难的人民和在动荡中往往也自身难保的上层人士，大为盛行。为把观念中的佛和佛国乐土化为可见形象，造佛像、建佛寺的活动大盛。佛像、佛寺由梵相、西域式逐渐变为汉相、汉式。佛寺由以塔为中心逐渐变成以更宜于供佛像的佛殿为中心。塔由梵式变为中国传统楼阁式，殿则建成中国殿堂。汉相的佛、菩萨高坐于华美的床上，上覆七宝流苏帐，宛如中国的皇帝、贵族、贵官。当时，贵族舍宅为寺成风，以住宅之前厅为佛殿，后堂为讲堂，原有的宅园也保留下来，遂成为佛寺园林之萌芽。以一般人终生不得一见的宫殿、贵邸为模式建寺，既显示了佛的尊贵，形象化地表现佛国的富饶安乐，以坚一般信徒向佛之志，也引起更多人的好奇欲观之心。这对佛教传播是有利的。南北朝、隋、唐大寺，如北魏永宁寺、唐章敬寺等，都和宫殿无殊，且大都对公众开放。

佛寺建筑主要分宗教活动及生活用房两部分，也采取院落式布局。宗教活动以中轴线上主院落为中心，左右有若干小院，主要为佛殿，佛塔，讲堂，经藏，钟楼和专供奉某佛、菩萨的小院或殿堂。僧众生活用房有僧房、食堂、浴室、厨房、仓库等，大多在后半部。佛寺布局早期以佛塔为中心，建在主院落正中，其后为佛殿。唐初发展为佛殿在中心、佛塔分左右建在佛殿前。唐中期左右，主庭院中只有佛殿，在主院落外东西侧分建塔院。中唐以后，佛寺也随宫室邸宅由用回廊改为用配殿，周庑围成院落，即四合院的形式，成为沿用至清的通式。中唐以后，佛寺更广泛地向公众开放，有的内设剧场，有的以“俗讲”（近于说唱的形式）向人宣传佛教，成为城市重要公共场所。至宋代更发展为在寺内定期设市交易。北宋汴梁（今开封）大相国寺即著名商市，在主院落大殿前、东西配殿和庑下陈列百货出售。这传统沿袭下来，直到清代。北京隆福寺、白塔寺、护国寺都曾是巨大的定期集市。除少数这类寺外，大多数佛寺仍以禅修为主。

唐代佛寺仅残存零星殿宇，全貌只能从壁画、石刻中见到。宋代佛寺仅河北正定隆兴寺尚完整，但也是宋、金两代陆续建成。只有明、清佛寺还有完整保存至今者，如北京的智化寺、卧佛寺、碧云寺。其布局共同特点都是前为山门，门内左右建钟、鼓楼，正北中轴线上建主院落，由称天王殿的南门和配殿、周庑围成矩形院落，庭中建正殿大雄宝殿，其后还可有一至二重后殿。主院落左右连若干小院。北面并列三院，正中为藏经楼，左右为方丈院。僧房、厨、库即在左右小院中。按明初定制，各州府衙也是前为大门，门内主院落正中建大堂，主院落左右对称建若干小院，北面建三小院，为官员住宅，布置与此基本相同。由此可知当时敕建寺庙基本和州府级官署同制，但官署主院落不植树，而寺院中庭植松柏、置碑碣经帏，正殿用琉璃瓦，小院花竹交映，加上钟声梵呗，气氛遂与官署不同了。

佛殿中，或供一佛二菩萨，或三佛、五佛甚至七佛，都端坐在佛坛之莲台上。菩萨大多为立像，故专供菩萨之处多为楼阁。著名的蓟县独乐寺观音阁和承德普宁寺大乘阁都高二层，中为空井，立菩萨像。在底层仰望其伟岸身躯，在上层正视其低眉端庄的面貌，即令不是信徒，也会得到深刻的印象。

2. 道观。道教创自东汉后期，是中国土生的宗教，尊奉老子为教主，唐、宋时代大盛。建筑称观或宫，也为院落式布局。主院落在中轴线上，主殿供天尊、老君等，其他小院及厨、库、居室在两侧及后部。对佛、道二教，历代帝王虽时有轩轾，却基本并行不废，故国定规模、寺观布置颇多相似之处。但道教有打醮等仪式，有时需露天活动，殿前多有大的月台。现存最重要的道观为芮城永乐宫和北京东岳庙，都是元代官府创建或支持兴建的，殿前都有巨大的月台。

3. 清真寺，亦称伊斯兰教礼拜寺。伊斯兰教自唐代传入中国后，逐渐发展。现存南方始建于宋、元的清真寺（如泉州清净寺、广州怀圣寺、杭州真教寺）和现存新疆地区的明、清清真寺都保持较多的中亚和阿拉伯形式。但在内地，入明以后，即多采取中国传统的木构架殿宇和院落式布局。这种清真寺以礼拜殿为主，前有大门、二门，门内两旁为讲堂，庭院正中建礼拜殿，殿前有教徒脱舄处，多为凸出抱厦。殿后墙称正向墙，后有向外凸出的龛室，称窑殿。正向墙前左方，有宣谕台，是向教徒宣讲教义之处。教徒膜拜要面向麦加，故中国的清真寺都面向东，以使其窑殿坐西面东。在清真寺中还建有塔楼，名邦克楼，为召唤教徒来礼拜之处，还有水房供教徒洗沐之用。这些采用院落式布局和楼观翚飞的清真寺，殿内横铺条形礼拜用毯，窑殿保持阿拉伯建筑风格，建筑装饰只用植物及几何图案，间以阿拉伯艺术字体，兼有汉族和伊斯兰教艺术之长，形成独特的艺术风貌。

（八）陵墓

古代儒家极重孝道，认为是立身之本。亲在尽孝养，亲逝极饰终之典，是人子之责。建墓营葬是尽孝道的重要表现。丧家或出于哀慕至诚，或怵于清议，大多尽力厚葬。古人又有事死如事生之说，故陵墓中建筑的比重也在增大，遂成为建筑的一个重要方面。较大的墓葬大多有坟丘、祭堂、墓墙、神道几大部分。古代建筑中的等级制度也包括陵墓，对可否或如何划茔域、辟神道、列像生、置碑表、建祭堂以及坟丘之大小高低都视官阶而有不同的规定，故古人营墓并不能全依其财力任意兴建，而要受其社会地位之限制。臣下至庶民建墓是作为追慕先人的纪念地，而帝王陵墓更重在赞美死者“神功圣德”，显示家族皇权之渊源久远和昌盛巩固。这是对陵墓在建筑艺术上的要求。

中国古代建筑艺术以建筑群组在平面上层开和创造空间环境的特点，在陵墓中也有突出的表现。它把陵（或坟，下同）山放在最后，周以陵垣，其前建陵门，辟神道，神道两侧设标表、石兽、石人、碑碣，直抵陵前的祭殿（或堂）。整个陵垣内遍植松柏，造成与外界隔绝的局部环境。通过陵山前这一系列前奏，使谒陵者逐步增加庄严心态，最后到陵前时，崇敬之心油然而生。

墓葬都在山野。在广阔天地中，人工建筑极易显得渺小，而人在地上所见最崇高者为山岳，故墓葬自然会设法以天然地形或山丘来衬托。一般墓总选在无积水的高地上，背后及左右有山丘环抱者尤为理想。帝王陵墓地域广大，则往往以山丘来象征其不朽功业。始皇陵是古代所筑最高大的陵山，还要以骊山为屏蔽，地形利用之重要于此可见。

古代墓前都建阙，故主峰雄伟端正、前方有小山相对如阙的，是建帝陵的最佳天然地形。唐高宗乾陵和明十三陵都选择了这种地形，得到了最大的成功。

乾陵在陕西乾县北山区。主峰梁山山体雄浑，左右有小山辅翼，四面山丘愈远愈低。主峰南恰有一南北走向余脉，岭脊高出左右，南延一公里余降至平地，又左右分开，聚为两座小山。建陵时，即以主峰梁山为陵山，山腰凿羡道、辟墓室，山前建献殿（祭殿）。环主峰建方形内陵垣，四面辟城门，门外建阙、设石狮，城四角建角阙，体制宛如一座宫城。神道辟在山前余脉的岭脊上，南端近平地处建外重陵垣之正门，门两侧小山顶上建巨大的砖石三重子母阙，标示陵之入口。外、内二重陵垣之间遍植柏树，称柏城。在神道的两侧依次相对设石柱、石像生共十八对，石碑一对，蕃臣像六十一尊，北抵内陵垣南门。自外陵垣入口处北望，前面两山对峙，上建巨阙，中间绕一神道，随山势上升，遥指陵山；进入神道后，左右石像生夹道，衬以左右岭下的柏林，宛如一条浮在林端的高甬道，步步升高，直抵陵前。这个地形宛如天造地设，极大地衬托了陵墓，以陵山高耸、四周群山俯伏其下象征死者君临天下的威势和与山岳同高的“功德”，以石像生夹道使人生崇敬之心，以神道高出林杪上与山连启发人的人神交通之联想。唐代诸陵大多以山为陵，但只有乾陵是最成功的例子。唐帝陵至今尚未发掘，地宫内部制度不明。已发掘的太子、公主墓都有前后两个墓室，连接甬道，用壁画绘成房屋室内形象，表明是以墓室象征地上宫室。帝陵应与之相近而规模远远超过之。

明十三陵在北京昌平县北面山谷中，北、东、西三面群山环抱，主峰天寿山在北端，山谷开口在西南方，有两小山夹峙，宛如天阙。陵门建在谷口，谷内即陵域，遍植松柏。整个陵区以北倚天寿山的明永乐帝长陵为主体，其余十二陵各倚一山峰，分列左右，互相呼应，横亘十余公里。自山谷入口至长陵有长近七公里的陵道，陵区大门大红门即设在此，门外一千米余有石坊为标志。入门有碑亭，内立永乐帝巨碑。碑亭北为长约一千米的神道，夹道建有石柱及石像生十八对。再北，陵道随地势高低转折，跨过三道桥始到长陵：路上高处可以纵览诸陵各倚一峰松柏郁苍的伟观，低处可以仰观长陵主殿的巍峨，斜路可以看到长陵主殿、方城明楼和宝城的侧影，从不同角度显示诸陵与地形的巧妙结合。与唐乾陵一陵独倚一峰不同，明十三陵是诸陵共聚一个山谷，而又各倚一峰，形成环抱之势，是又一种族葬形式，但在墓葬群利用地形和陵道选线上也是最成功之例，与唐乾陵都堪称一绝。

长陵建筑基本保存完整，是用红墙围成的三进院落。第二进的祾恩殿是全陵的主体建筑，其形制之庄重宏伟可与紫禁城内之太和殿相匹，但左右配殿已毁。殿后第三进院北端为方城明楼，是建在方形城墩上的碑亭。方城后即为陵山。陵山是平地碑筑的坟丘，直径约四百米，四周砌圆形城墙围护，下用石砌墓室，顶上隆起，密植柏树，远望和背倚之山浑然一体，实际上中隔截水沟及挡水墙，并不相连。这种陵制是明代首创，与前代不同。清陵也集体建于山谷中，但并不都各倚一山。前部建筑大体沿明代制度，略有改变。由于没有明陵那样优秀的地形，诸陵一字排开，气势散漫，远逊于明陵。

（九）桥梁

古代桥梁从结构上划分有梁桥、拱桥、悬臂桥、索桥、浮桥等。很多横跨巨川大河的桥梁，成为工程技术史上的奇迹。早在前3世纪，秦在咸阳就跨渭河建了宽六丈（约十四米）、长一百四十丈（约三百二十六米）的梁桥。西晋和唐代先后于3世纪末和8世纪上半叶在今河南孟津、山西永济建了横跨黄河的浮桥。宋代在11—12世纪先后在今福建泉州和晋江建了长八百余米的洛阳桥和长两千余米的安平桥两座梁式石桥。金代于12世纪末在中都（今北京）建长二百六十五米的连拱石桥卢沟桥。也有些桥虽不长而在工程上有创造或施工条件极为艰险，如隋代于7世纪初建的世界上最早的敞肩拱桥赵州安济桥，清代于18世纪初在大渡河急流之上、峭壁之间所建长一百零四米的铁索桥泸定桥，为中国桥梁史增添了光辉。

这些桥气势宏壮，并都经一定艺术处理，也是建筑艺术上的伟观。秦咸阳桥桥头有石雕人像；南朝建康和隋、唐洛阳浮桥两端建楼和华表；唐永济黄河浮桥以四座各重七十吨的铁牛塑像为锚固；安平桥上建五亭，桥端建石塔；赵州安济桥和北京卢沟桥则以石雕望柱狮子和栏板上的云龙著称于世；广西侗族的程阳桥在桥面上建楼阁，连以长廊，成为桥梁工程与建筑艺术结合的佳例。一些木构桥梁，构架组织有序，本身即兼有艺术之美，如北宋《清明上河图》中所绘北宋汴梁（今开封）的木构叠梁拱桥和近代毁去的兰州握桥。在江南水网地区，为便利舟行，多跨小河建高起的梁式或拱式石桥，雕工精致，形体秀美，和秀丽的江南民居共同形成独特的地方风貌。

中国传统园林多以水景为主，秀美的桥梁为园中不可缺少之景。梁式石桥低压水面，拱式石桥高起如虹，与水中倒影相映，遂使“小桥流水”一词近于园林之代称，而桥梁之建筑艺术美也得到充分的表现。

中国古代木构建筑设计特点

中国建筑有七千年以上的悠久历史，但汉代以前的建筑物大都是土木混合结构或木构架建筑，不能长期保存，故早期遗构极少，已发掘出的建筑遗址又大多残破，在时代、类型上也尚不是很连贯，还不具备准确推测其原状进而研究其设计方法的条件，只能通过遗址和明器陶屋、画像石等形象史料互相参照进行研究。在现存古代地上建筑实物中，石造的以东汉石阙为最早，砖造的以北魏末年建的登封市嵩岳寺塔（523年）为最早，木构的以中唐所建五台县南禅寺大殿（782年）为最早（图19），故这方面的研究目前主要从有建筑实物存在的北魏和唐代开始。唐以后建筑以木构架为主，砖石建筑为辅，木构建筑的设计遂成为研究古代建筑设计的主要方面。

古代木构架建筑在宽度上以间数计，正面每两柱之间称为一间，每间之宽称间广，若干间并联组成一栋单体建筑，其

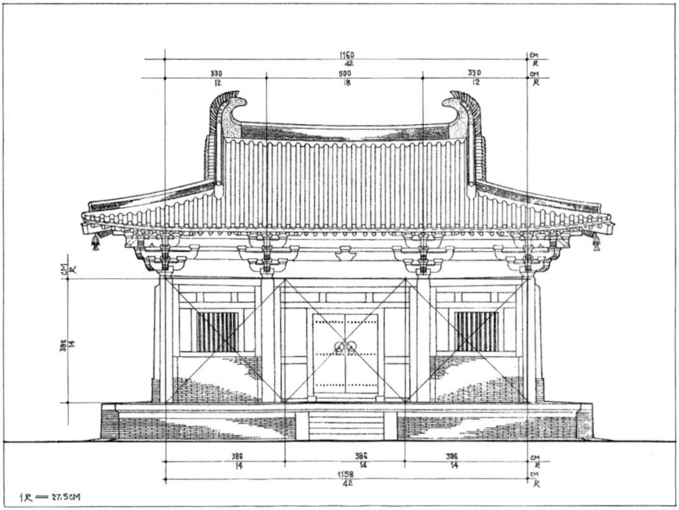

图 19　山西五台南禅寺大殿立面分析示意

总宽称面阔。木构架建筑在深度上以屋架所用椽数计，称为进深几架椽（但大型建筑的侧面也分间，一般进深二椽为一间），矩形平面建筑的屋顶形式有硬山、悬山、歇山、庑殿，后两种其下可做重檐；具体表示一建筑时应称之为面阔几间，进深几椽（或间），上覆某种屋顶。如以北齐墓中房屋形木椁为例，可称之为面阔三间，进深两间（一明两暗，四架椽），上覆歇山屋顶（图20）。

这些木构的单体建筑平面一般为横长矩形，屋顶形式受等

图 20　北齐墓中房屋形木椁示意

级制度限制，可选择性较少，故形体都较简单。但如果以其为主体，四周接建附属建筑，如在前后增加抱厦、在两山面加耳房，则可形成外形较复杂的复合体。若把主体做成前后勾连搭屋顶，还可扩大主体进深。如果在二三层楼阁的四周加这些附属建筑，再配合以层高的变化和屋顶的重檐、单檐的组合，还可出现外观更富于变化的复合楼阁。从已发现的遗迹结合历史记载可知，西汉时土木混合结构的明堂、辟雍和宋元绘画中所绘楼观和现存大量宫殿寺观都是些体量巨大、外形变化丰富的复合型建筑（图21），现存的明清紫禁城角楼就是复合型建筑的佳例（图22）。

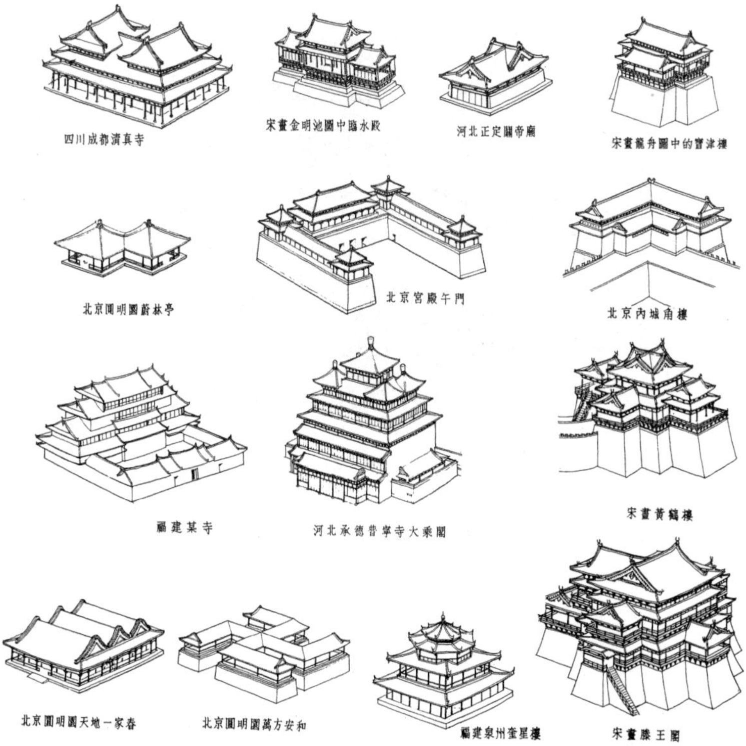

图 21 中国古代建筑组合形体示意

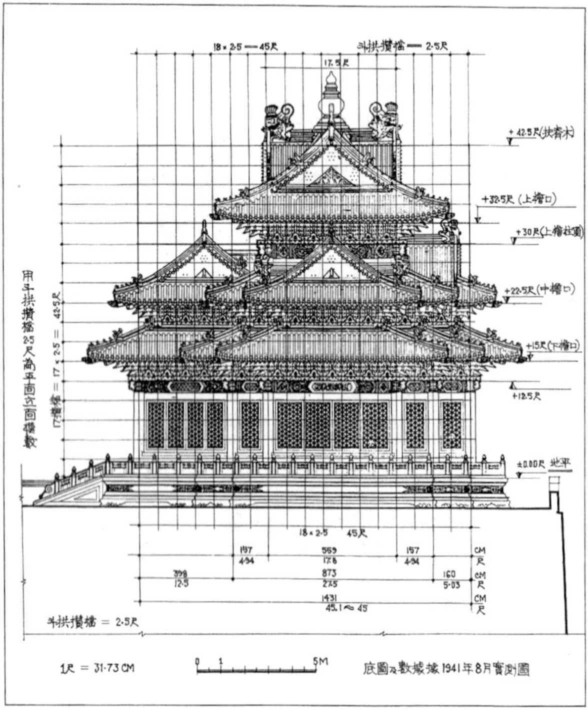

图 22　紫禁城角楼分析示意

上举诸例表明中国古代可以建形体复杂、结构特殊的复合型建筑，但在实际建设中却使用得较少，只在有特殊需要处偶一用之，绝大多数仍是横长矩形平面的房屋，包括宫殿、坛庙、寺观的主殿也基本如此，只是面阔、进深加大，屋顶用高规格的歇山、庑殿顶甚至加重檐而已。由于现存的木构建筑最古者建于唐代，而在文献中只有宋代和清代有关于建筑设计方法和规范的专著，故我们主要从唐代开始，下至明、清进行探讨。

最早详细记载木构建筑设计方法的是编成于北宋元符三年（1100年）的《营造法式》。书中规定木构建筑以所用标准木枋称为“材”，以它的高度为模数，称为“材高”，是建筑的“基本模数”。又以材高的十五分之一为 “分”，是“分模数”，以计算小尺度的构件。当建筑使用斗栱时，栱高与材高相等。建筑物的面宽、进深和柱、梁、斗栱等构件都以“材”“分”为单位。宋代规定材之大小为八等，按建筑之等级、性质、规模选用。但当时编此书是为了工程验收核算工料之用，内容详于记载以材、分计数的构件尺度，但略去了建筑的整体比例关系。不过我们仍然可以通过对《营造法式》所载一些构件尺度的分析，结合对此期建筑实物的研究反推出一些这方面内容，如其面阔、进深受外檐斗栱朵数的影响，而斗栱间距在一百一十至一百五十“分”之间。又通过实测，发现檐柱平柱之高与建筑面阔和高度都有一定关系，是建筑的“扩大模数”，这在多层楼阁和塔中表现得尤为明显。

通过对现存唐代建筑南禅寺、佛光寺两座大殿的研究，可知上述《营造法式》所载以材高为基本模数，以“分”为分模数，以柱高为扩大模数，以控制建筑各部分的尺度、比例的设计方法在唐代中后期已很成熟地运用（图23）。而现存辽代所建佛宫寺木塔之高也以其下层柱高为扩大模数（图24）。如果参考日本受中国南北朝后期至唐前期影响的飞鸟时代的木塔法隆寺五重塔也采用了以檐柱平柱之高为塔在高度方面的扩大模数的设计方法，则这种运用模数的设计方法还可能上溯到初唐及南北朝后期，而《营造法式》所载正是在这基础上加以发展而成的（图25）。

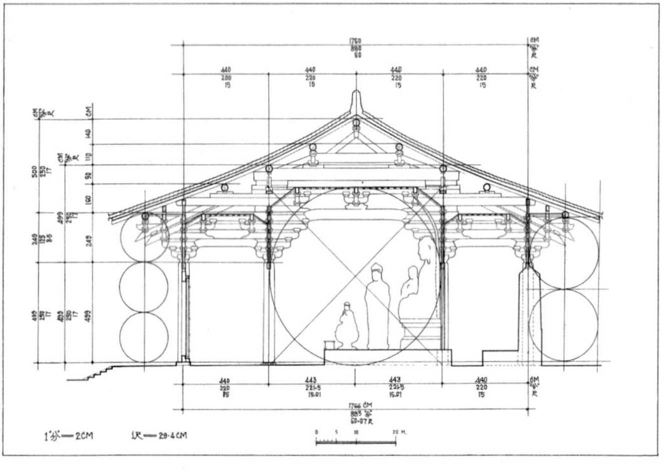

图 23　佛光寺大殿剖面示意

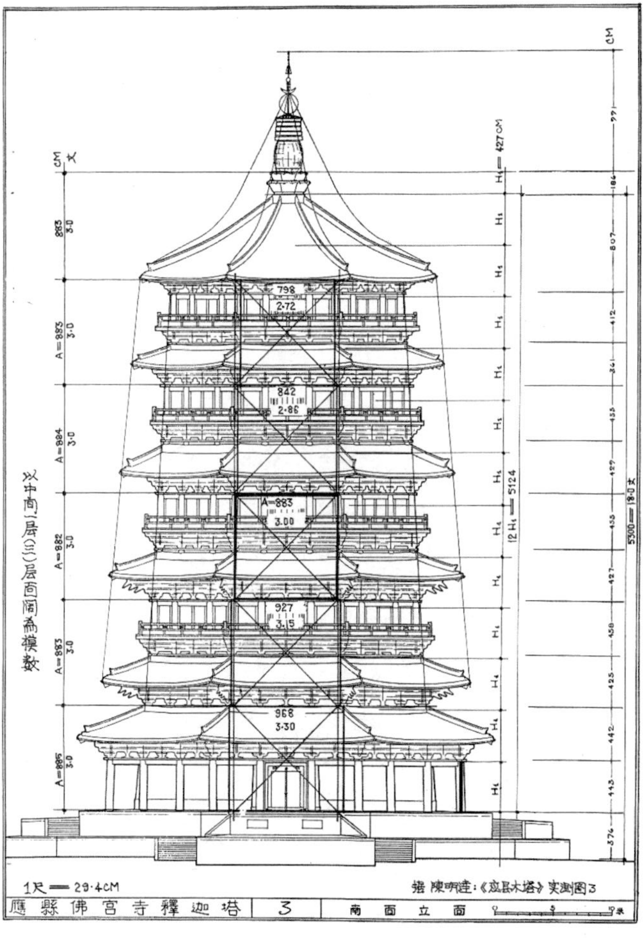

图 24　应县佛宫寺释迦塔立面分析示意

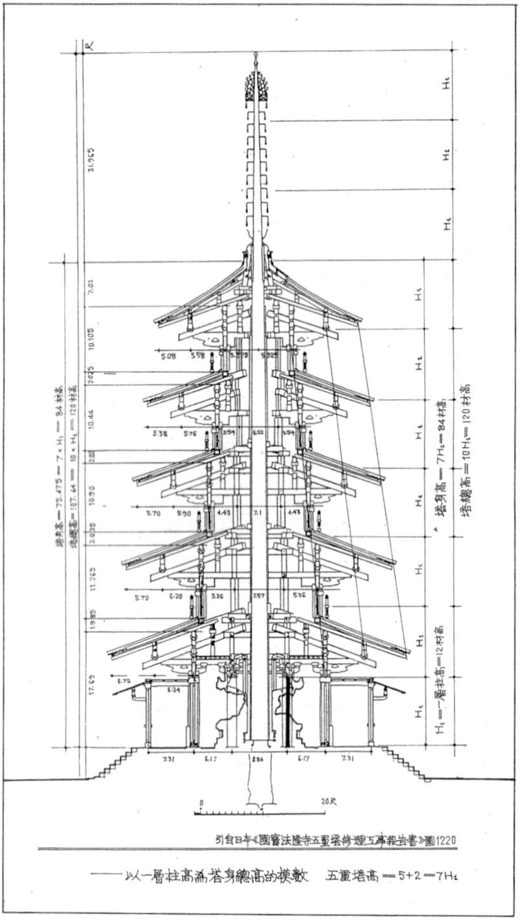

图 25　日本法隆寺五重塔剖面示意

《营造法式》把建筑之构架主要分为殿堂型、厅堂型、余屋型三种，分别用于重要性和规模不同的房屋上，每一型又有若干式。

殿堂型构架特点是构架自下而上，由柱网、铺作层、屋架三个水平层叠加而成。其柱网布置有单槽、双槽、斗底槽等定式，铺作层由斗栱、柱头枋和明栿组成，形成一水平的网架，安放在柱网上，以保持构架的整体稳定，作用近于现代建筑的圈梁。其上设屋顶均架（图26）。

厅堂型构架由若干道垂直的构架拼合而成。但宋及宋以前厅堂型构架可以按需要选用不同的类型加以拼合，即按室内空间需要把进深（椽数）相同而柱数、柱位不同的构架拼合混用在一座建筑中，做到按实际使用需要布置柱网和梁架，有一定灵活性（图27）。从现存唐代建筑实物和遗址看，佛光寺大殿属殿堂型构架，南禅寺大殿属厅堂型构架，这两种构架在唐代已很成熟了。

经宋、金、元的发展，至元明之际，随着木构架的简化，在建筑设计中对模数的运用也发生了变化，由以材高为模数、以材高的十五分之一为分模数“分”的“材分制”改为以栱宽为模数、以其十分之一为分模数的“斗口制”。明清两代官式建筑设计都是以斗口为模数的。

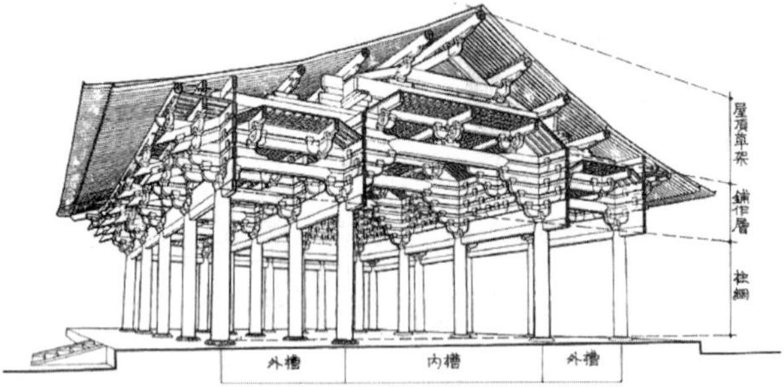

图 26　佛光寺大殿构架示意

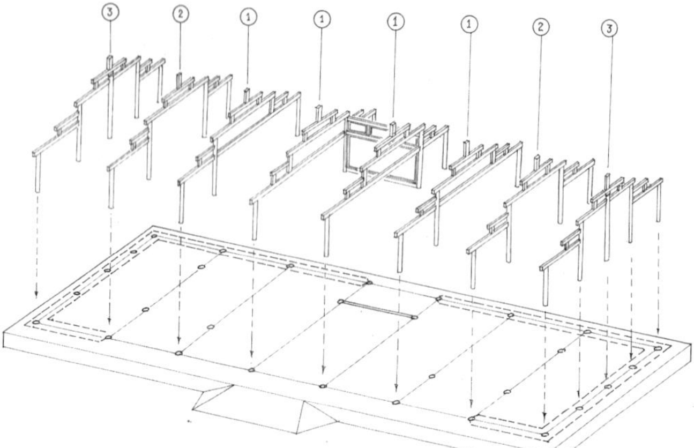

图 27　宋式厅堂型构架示意

这种以斗口为模数的设计单体建筑的方法始于明初，但我们目前只能看到在清雍正十二年（1734年）才以文字形式记录下来，编为七十四卷的《工部工程做法》。书中记录了二十七种建筑尺寸，二十三种为大式，四种为小式。大式建筑以斗口为模数，把斗口分为十一等，按建筑之性质、规模选用。建筑物之平面尺寸、柱高、构件之断面等都以此而定。

明清建筑构架沿宋元以来传统又有发展和简化。其重要的殿宇基本在宋式殿堂构架基础上再简化，在柱头上除横向（面阔方向）用额枋相连外，增加了在纵向（进深方向）连接的随梁枋，这就在柱网的顶端形成若干闭合的方框，加强了柱网的整体性和稳定性。这样，原有的由斗栱、柱头枋、明栿形成的在柱网和屋顶构架间的铺作层就失去了保持构架整体性和挑檐的作用，变为装饰层和建筑等级的象征，这在木构架发展上也是一种变化（图28）。明清较次要建筑的构架仍近于宋元以来之厅堂构架，但组合变化较少；这两类在清式中都属大式。清式中之小式大木构架比厅堂构架更加简化，如以面阔乘一定系数定柱高、柱径，再以柱径加减一定尺寸定其他构件断面。由于模数过于简化而所包容之范围又过广，往往出现很多构件尺寸不甚合理之处。

明清官式建筑的设计方法所规定的条文过于呆板，缺少变

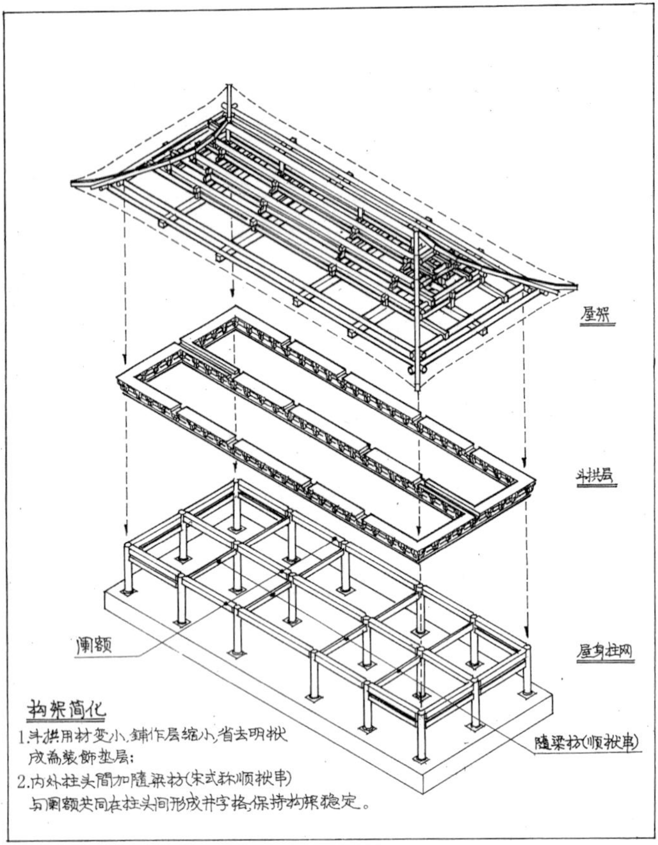

图 28 明清殿宇构架分析示意

通，故建筑物之面貌较单调，个性不突出，用料偏大，显得笨重，但在保持大小尺度不同的建筑取得统一谐调的效果上仍有其优点，故明清单体建筑在外观上虽不甚活泼醒目，却在组合为大的建筑群体时仍能达到较高的艺术水平，这可以从明清宫殿坛庙中看到。

对《营造法式》《工部工程做法》中所记载的以材分和斗口为模数进行单体建筑设计的方法的研究和对实测图和数据的分析，发现了一些虽无明文规定却含蕴在两书内容中的对扩大模数的运用和其他一些设计规律，逐渐对古代建筑设计手法有了更多的认识。由于材分和斗口的尺度太小，用来计算房屋的大轮廓尺寸过于细碎，推想它应会有更为简明易掌握的方法。

从对各实例的分析可以看到，在元以前，单体建筑以材和“分”为设计模数。在设计一座建筑时，先按其性质和重要性（等级）、大小规模确定构架类型（殿堂、厅堂、余屋）、屋顶形式和按规定应选用的材等，然后按每间所用斗栱的朵数确定面阔。斗栱中距以一百二十五“分”为基准，可在一百一十“分”和一百五十“分”间浮动，即用单补间铺作时间广在二百二十分至三百分之间，用双补间铺作时间广在三百三十分至四百五十分之间，以五或十“分”为单位。

从对实例的分析还可以看到，在单体建筑设计中檐柱之高是很重要的扩大模数，可以用来控制房屋的断面和立面。

中国木构建筑分台基、屋身、屋顶三部分，屋顶是坡顶，其高由进深决定，故影响立面比例最大的因素是屋身，实即柱列部分。从下面的分析图可以看到，绝大多数建筑，其通面阔是檐柱高*H*的整倍数，这就是说建筑之通面阔（有时也包括通进深）以檐柱高*H*为模数。如果在建筑立面图上划分出所含柱高*H*的数量，则也可以理解为在设计时先设定以柱高为模数的方格数，再在这范围内按外观和使用要求分间。这就是说在立面设计上使用了扩大模数方格网。如唐代南禅寺大殿面阔三间，面宽为三倍柱高，辽代薄伽教藏殿正面五间，面宽恰为五倍柱高都是例子（图29）。

从所举诸例可以看到，大约自唐至元，立面所含扩大模数*H*之值一般等于或小于开间面阔，故立面划分一般为明间呈横长矩形，其余左右各间呈竖长矩形。到明代以后，明间面阔加宽，有的可达到次间的一点五倍，而次梢间又往往为方形，遂出现了面宽所含扩大模数檐柱高*H*之值超过开间数，如明长陵祾恩殿及太庙正殿、午门正楼均面阔九间，合10*H*；西安鼓楼面阔七间，合10*H*；北京社稷坛前殿面阔五间，合6*H*。这是不同时代在立面比例上的变化趋势（图30）。

在剖面图上还可以看到，檐柱高还在一定程度上控制建筑

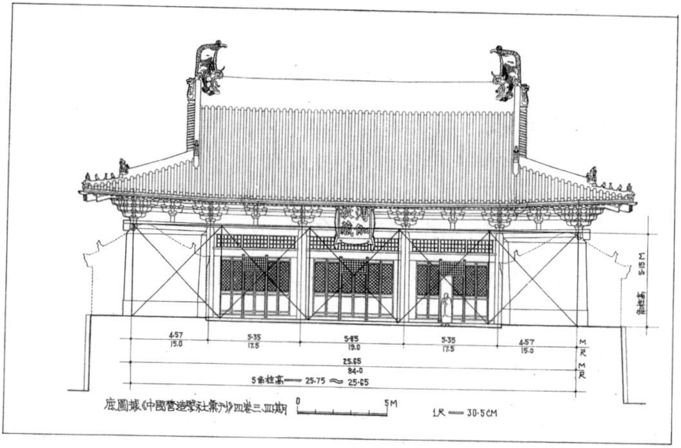

图 29　辽代薄伽教藏殿立面示意

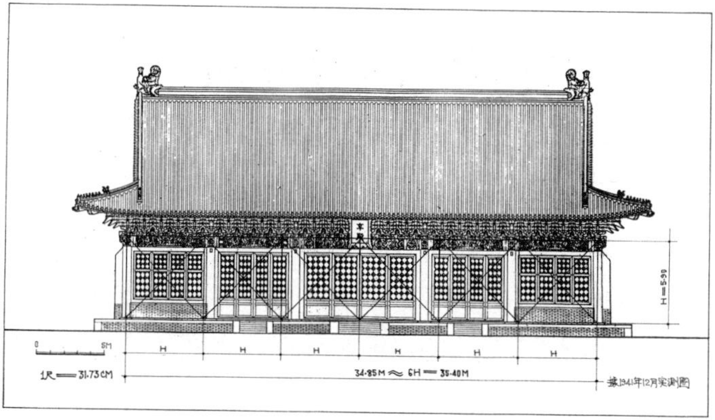

图 30　北京社稷坛前殿立面分析示意

屋顶的高度。在《营造法式》和《工部工程做法》中规定了用举折或举架的方法去确定屋顶高度和凹曲度，但对大量实例的实测图却表明它也与檐柱之高有关。从实测图中可以归纳出以下情况：

其一，在唐代，无论殿堂或厅堂型构架房屋，其中平槫（距檐槫两步架者，即进深四架椽房屋的脊高）至檐柱顶之距恰与檐柱高H相等。

其二，在宋辽两代，殿堂型构架此部比例与唐代相同。但自辽末金初起，厅堂型构架则向上增加了一步架之高，其上平槫（距檐槫三步架者，即进深六架椽房屋的脊高，十椽以上建筑则为第二中平槫）至檐柱顶之距恰与檐柱之高H相等。

其三，在元代，殿堂型构架也上推了一步架，不论殿堂、厅堂型构架，其上平槫至檐柱顶之距均与檐柱之高H相等。

由上述可知，尽管时代不同，计算之起点有变化，但屋顶某槫至檐柱顶之距与檐柱高相等，亦即以檐柱高H为建筑高度模数这一点是始终不变的（图31）。

在楼阁和多层木塔或仿木构砖石塔上也清楚表现出在高度上以下层柱高为模数的现象。蓟县独乐寺观音阁高两层，中间有平坐暗层，其高度以下层内柱之高H为模数，自此柱顶向上，至平坐柱顶，上层柱顶和屋架下平槫各高均为H，通计为

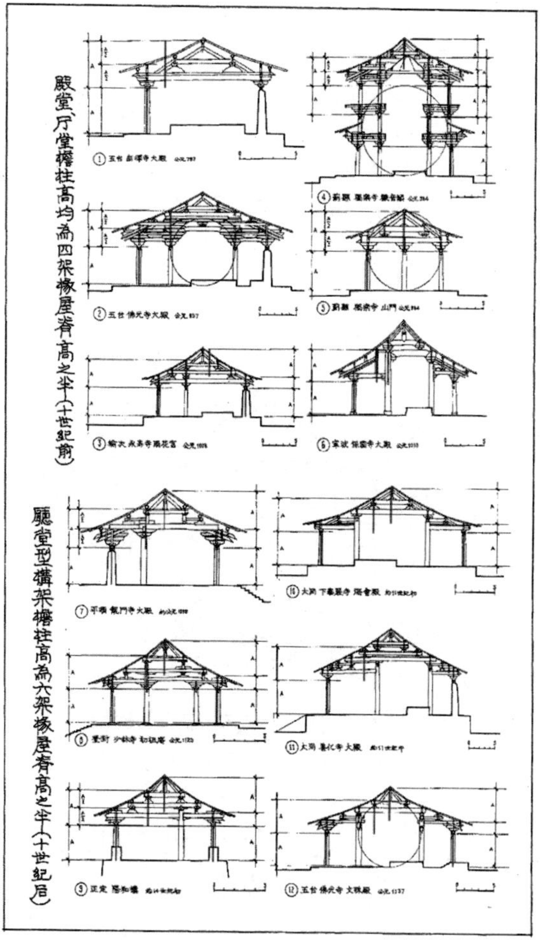

图 31　唐宋辽建筑剖面比例示意

4*H*，清楚表现出以下层柱高为模数的特点（图32）。在楼阁型塔中，应县木塔五层高12*H*，庆州白塔七层高13*H*，杭州闸口白塔九层高15*H*，泉州开元寺双塔五层高7*H*，都是很典型的例证。

但塔是高层建筑，除以下层柱高为高度模数外，还需要控

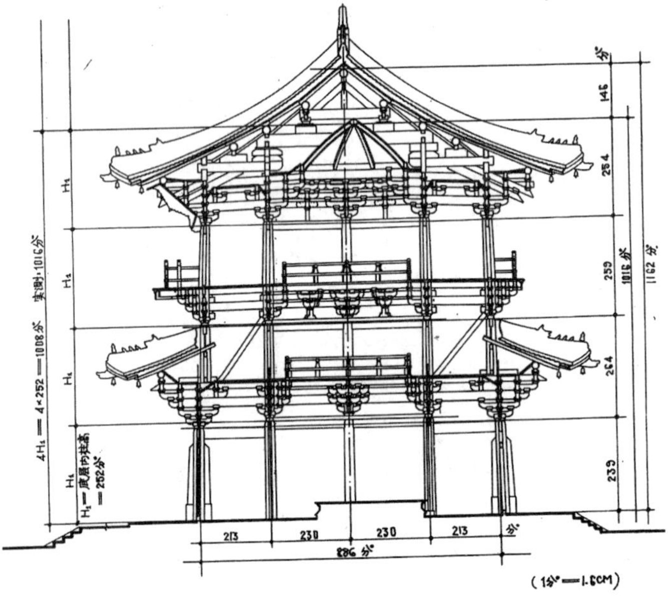

图 32　独乐寺观音阁剖面示意

制其宽度，亦即控制塔之细长比。从辽建应县佛宫寺释迦塔起，包括一系列楼阁型砖塔和方形、多边形密檐塔都有一个共同现象，即以其中间一层之面宽为塔高模数，设此面宽为A，则应县木塔高五层为$6A$，苏州报恩寺塔九层为$9A$，上海龙华寺塔七层为$15A$，杭州闸口白塔九层为$15A$；诸密檐塔中，登封嵩岳寺塔为$12A$，云南大理千寻塔为$6A$，灵丘觉山寺塔为$7A$。这现象表明高层的塔除以下层柱高为模数外，还同时以中间一层塔身之宽为高度上的扩大模数，把塔高与塔中间一层之宽联系起来，在模数运用上更加精密。

同时，在明清大型建筑中还出现了在立面设计中更为精密的使用扩大模数网格的情况，如天安门、太庙正殿和西安鼓楼等。从图33可以看到，设计天安门时先确定下檐柱高H为十九尺，以它为扩大模数画方格网，令楼之左右各四间间广均为十九尺，又定自下檐柱顶至上檐檐口之距也为十九尺，这样，在门楼立面上除明间加宽至二十七尺可视为插入值外，左右各四间实即为上下两排方格网所控制。天安门之墩台高度定为$2H$，即三十八尺，其台顶之宽自门楼东西山柱外计各宽$5H$，这样，如扣除明间部分，以门楼次间以外计，台顶东西各宽九格，以上下两排计则各为十八格，也为模数方格网所控制。简而言之，天安门之立面设计可以理解为先定檐柱高H为

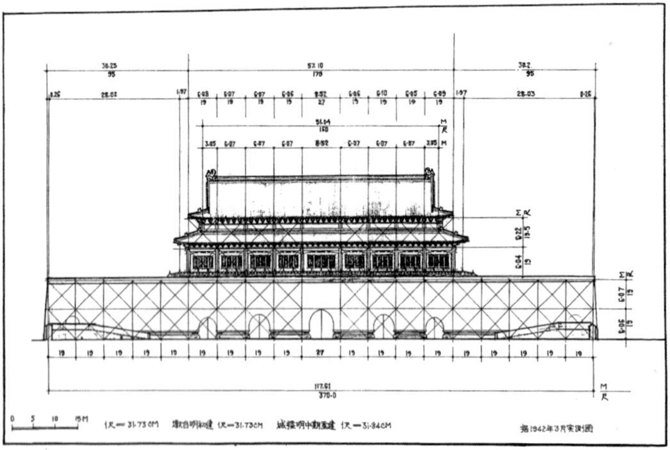

图 33　北京天安门立面分析示意

十九尺，以它为扩大模数画宽十九格高两格之方格网，以控制墩台轮廓、在上层再画高两格宽九格之方格网以控制门楼之大轮廓，最后按需要把门楼明间由十九尺展宽到二十七尺，即形成现在的立面。和天安门城楼相近的还有太庙前殿。它定下檐柱高H为二十尺，以它为扩大模数，画上下两排宽九格的方格网，令上檐柱高为$2H$，即四十尺，以确定殿身部分的大轮廓，最后把明间部分由二十尺展宽为三十尺，形成现在的立面。

天安门墩台用方格网控制的做法又见于午门和鼓楼。午门下的凹形墩台高四十尺，中间部分宽二百四十尺，左右突出的两翼各宽八十尺，故它是以墩台高四十尺为模数，墩台整体宽度为十个方格所控制（图34）。鼓楼下之墩台以三丈为模数画方格网，宽五格为十五丈，深三格为九丈，高度上计至楼层地平为两格，高六丈，其上重檐楼之楼身宽四格为十二丈，深两格为六丈，高计至下檐博脊一格，为三丈，其立面设计全部用方三丈网格控制（图35）。

檐柱之高也是重檐建筑的扩大模数。从历代实例中可以看到，元以前重檐建筑的比例是上檐柱高为下檐柱高的一倍，即上檐柱高以下檐柱高为模数。辽之应县木塔、北宋之太原晋祠圣母殿、南宋之苏州玄妙观三清殿、元之曲阳北岳庙德宁殿都是这样。但到明以后，逐渐变化，下檐柱逐渐升高，由上檐柱高之半上升到上檐檐口标高之半，有的还升高到上檐正心桁标高之半（图36）。这样做是为了使建筑更显轩敞宏大。但详细分析其比例关系，发现屋顶中平槫至上檐柱顶之距与上檐柱高之比仍保持上檐柱高为下檐柱高之半时的比例，因而推知在设计时仍按宋元时上檐柱高为下檐柱高之半的比例设计，确定上檐柱高及屋顶后，再提升下檐柱高，这表明宋元时以下檐柱高为模数的规律在设计过程中仍然起着潜在的作用。

除以下檐柱高为扩大模数外，个别情况也有以斗栱攒档为

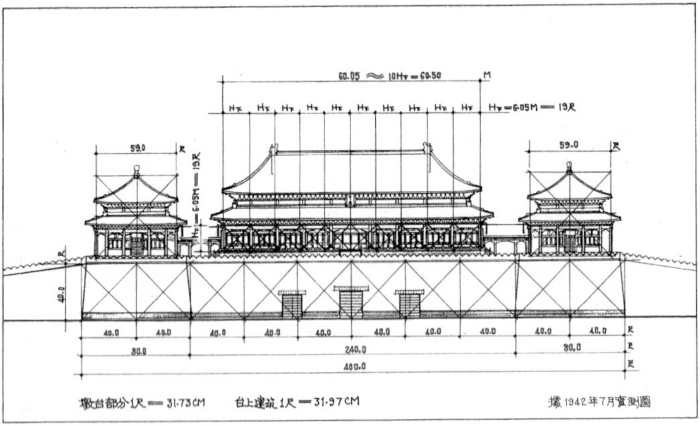

图 34　北京午门正立面分析示意

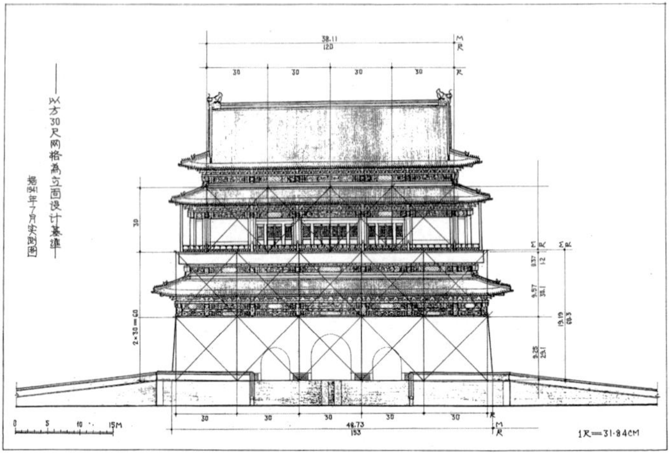

图 35　北京鼓楼正立面分析示意

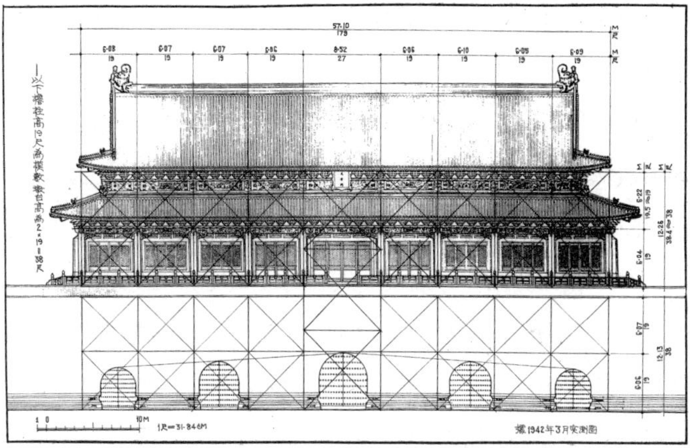

图 36　北京天安门城楼立面分析示意

扩大模数的，有代表性的实例为北京紫禁城角楼。

北京紫禁城角楼：楼身正方形，四面各出长短肢。它以斗栱攒档为扩大模数，攒档*D*为二点五尺，楼身方11*D*，四面突出的肢均宽7*D*，深2*D*或5*D*；在高度上，下、中、上三层檐分别高6*D*、9*D*、13*D*；在分析图上可清楚地看到用模数网格控制立面的情况。角楼是用斗栱攒档为扩大模数控制设计的典型实例。

从这些例子可以看到，在总平面布局中使用的方格网到明清时期也用在大型建筑的立面设计中，但它不只是用为基准，而是以扩大模数柱高为控制立面轮廓和比例关系的模数网。

从上举诸例可以看到，在立面、剖面设计中，以檐柱为扩大模数和模数网格是很普遍的方法，古代建筑立面分三段，下段台阶较矮，上段屋顶斜坡向后，立面起主要作用的是中段屋身，亦即柱列。檐柱是最接近人、对形成建筑尺度感起重要作用的部分，用它作模数网格，涵盖立面，可对建立正确的尺度感起重要作用，它又是方格，以它为基准加以适当调整，也易于保持各开间有较和谐的比例关系，是简易有效的设计方法。

以上是单层建筑运用扩大模数之例。在多层建筑设计中，也使用了扩大模数。

蓟县独乐寺辽观音阁：上下两层均面阔五间，中间三间面阔、高度都以底层内柱净高为模数，形成上中下三重网格（图37）。

北京明清鼓楼下为墩台，加腰檐，上建面阔五间、进深三间的重檐城楼，外观为两层楼阁。用方三丈网格为扩大模数的情况已见前文。

应县佛宫寺木塔：平面八角形，外观五层。依照传统，塔之设计有两个控制它的扩大模数：其一是下层檐柱高H，用以控制总高，此塔自地平至塔顶博脊共高$12H$；其二是中间一

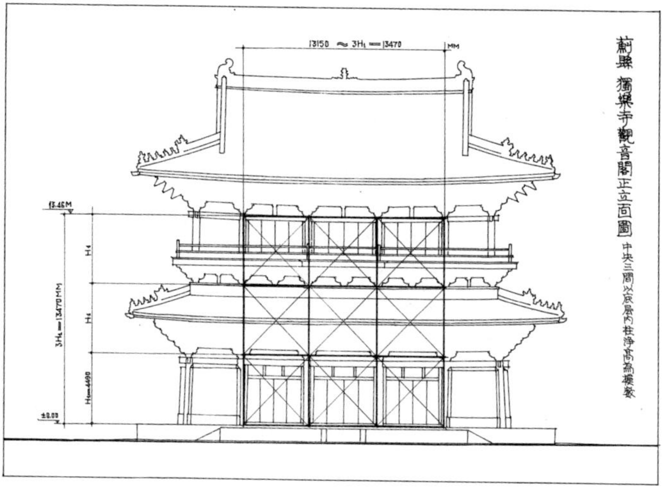

图Ⅲ—2—1·5

图 37　蓟县独乐寺观音阁立面分析示意

层（此塔为第三层）面阔，用来控制塔之细长比，此塔定第三层面为三丈，塔身一至四层以柱顶计各高三丈，四层柱顶至五层檐口、五层檐区至塔顶仰莲亦各高三丈。

杭州闸口北宋白塔：石雕仿木构楼阁型塔，平面八角形，高九层。设计中也兼受两种模数控制：自一层地面至塔顶屋檐总高为一层柱高H的十五倍；自一层地面至塔顶屋脊上皮总高为第五层（九层塔的中间一层）面阔A的十五倍。运用模数的情况与应县木塔基本相同（图38）。

以上是楼阁和塔运用扩大模数进行设计的情况。塔是古代极有特色的建筑物，尤其值得注意。应县木塔是代表古代木构建筑艺术与技术上高度成就的珍贵遗构，闸口白塔是仿木构石塔中雕刻最真实的遗物，它们在运用扩大模数进行设计方面表现出的共同点（此外还有很多相同例子，不能备举）应即是设计塔通用的方法，说明古代建筑设计已达到相当精密的程度。

以上是根据现存实物结合宋《营造法式》和清《工部工程做法》对中国唐以后木构建筑设计方法的初步探讨。

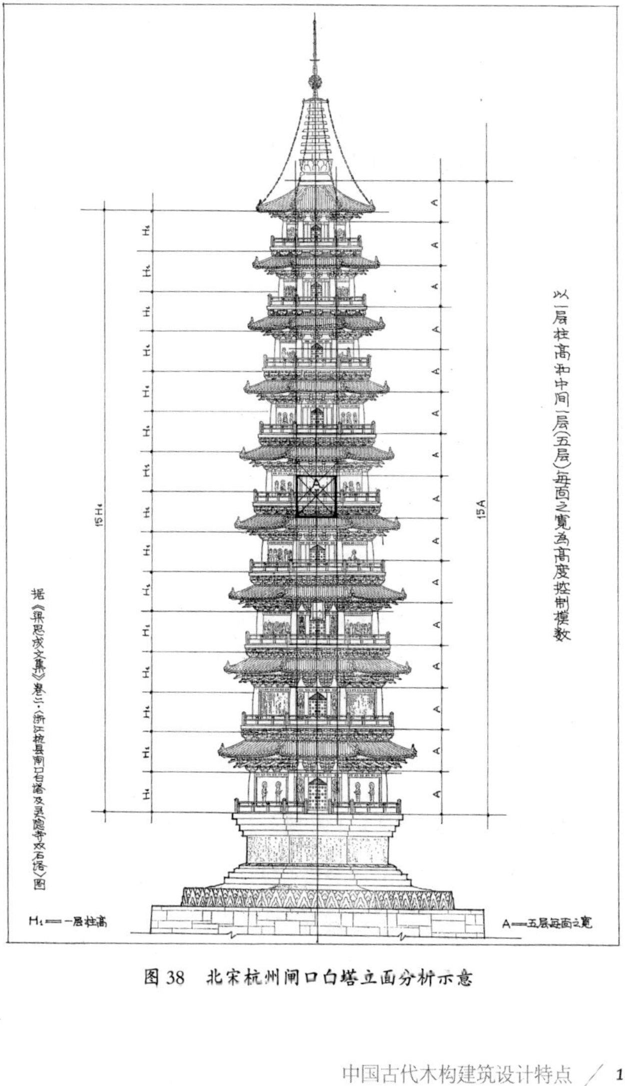

图 38　北宋杭州闸口白塔立面分析示意

中国古代都城规划研究

中国自夏、商、周开始，迄于清末，三千多年来，经历了二十余个王朝，都建有都城，其间有明显的继承和发展的关系。

都城是国家的统治中心。自西周起，各朝都城大多建有大、小两城，小城是宫城，是宫廷、官府集中的权力中心，大城又称郭，其内安置居民。古人说："城以卫君，郭以守民"，就是这个意思。自曹魏邺城以后，都城规划逐渐重视中轴线，开始集中布置官署，以突出宫城的中心地位。宫城大多建在大城之内，但都要有一面或两面靠大城的城墙，汉、唐的都城长安、洛阳都是这样，目的是为了在发生叛乱或民变时便于外逃，这是当时的政治形势造成的。到宋代实行高度中央集权和文官制，又集重兵于首都及其四周要地，地方军力和豪强势力削弱，形成内重外轻之势，杜绝了内部政变和军阀叛乱的可能，才敢于把宫城完全置于城中。战国至五代（前475—960年）间，都城都实行里坊制，安置居民于封闭的里坊中，实行夜禁。北宋中后期开始在城内设置了大量“军铺”，直接控制城市治安和居民活动，代替了里坊的控制居民的作用，因此也拆除了坊墙，使居住的巷可以直通街道，形成了商业繁荣的开放式街巷制城市。宋以后都城和地方城市即逐渐改为街巷制。置宫城于都城中心和实行开放的街巷制是中国王权专制王朝进一步强化中央集权、由中期转向后期在都城建设上的标志之一。中国古代都城中，属于市里制的隋唐长安、洛阳，属于街巷制的元大都都是在国家主导下按既定规划平地创建的，在城市发展史上有重要意义。

西汉长安城

汉高祖七年（前200年）决策定都长安，先改建秦代旧宫兴乐宫为长乐宫，又在其西新建未央宫，形成两座东西并列的主要宫殿。至汉惠帝元年（前194年）开始修筑城墙，历时五年建成。除经常征用两万工人外（共约三千六百万工），又经过两次大规模筑城，每次征发十四万余人（约八百四十万工）修筑三十日才基本完成，是很大的工程。史载长安城中除先后建成长乐、未央、北宫、桂宫、明光宫五座宫殿外，还有八街、九陌、三宫、九府、三庙、十二门、九市、十六桥，其规模和繁荣程度在当时是空前的。

汉长安城的基本格局近年已探明，它的总体轮廓近于方形，总面积约三千五百八十万平方米。城墙用夯土筑成，基宽十二至十六米，夯筑极为坚实。城外有宽八米、深三米的城壕。城每面三门，城内纵向八街、横向九街。已发掘的城门都有三个门洞，左入右出，中门是御道。城门内的干道也是三条并列，中间御道宽三十米，两侧各宽十三米，都是土路面，道间有排水明沟。高祖时创建的各宫都在城的南半部，其余官府、宗庙和九市、一百六十闾里等分布在城的北半部和各宫之间。但汉武帝时又于太初四年（前101年）在长乐宫之北隔街建造明光宫，在未央宫之北建造桂宫，两宫建成后，宫城占全城面积的六成左右，原有官署、居民区又遭到较大的挤占（图39）。

长安街道两侧的居民区称“闾里”，是轮廓方正的小城，居民出入要经过里门，夜间禁止外出，只有贵族显宦的“甲第”才可向大道开门。

就汉长安城规模之巨大、街道之宽广端直、宫室之弘壮、居第之豪华、商业之繁盛而言，在当时是空前的。

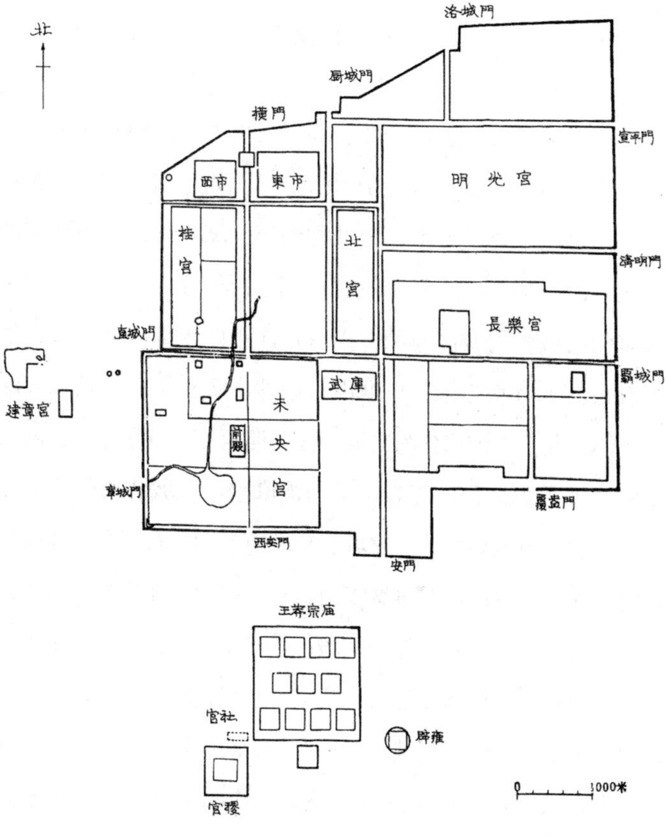

图 39　西汉长安城平面示意

隋唐长安城

长安城创建于隋而完善于唐。城市平面为横长矩形，东西九千七百二十一米，南北八千六百五十二米，面积八千四百一十万平方米。大城称外郭，城内北部正中建宽两千八百二十点三米、深三千三百三十六米，面积九百四十万平方米的内城。内城南部深一千八百四十四米部分为皇城，面积五百二十万平方米，皇城内集中建中央官署；内城北部深一千四百九十二米部分为宫城，面积四百二十万平方米，内为皇宫、太子东宫和供应服役部门掖庭宫。宫城北倚外郭的北墙，墙北为内苑和禁苑。宫城、皇城前方和左右侧全部建成矩形的居住里坊和市：在皇城以南，与皇城同宽部分东西划分为四行，每行九坊，共有三十六坊；在皇城、宫城的东西侧各划分为东西三行，每行十三坊，共七十八坊；东西侧各以二坊之地辟为东市、西市，全城实有一百一十坊。坊、市都用土墙封闭，两面或四面开门，形如小城堡。实际上唐长安城内被皇城、宫城、坊、市等分割为若干个矩形的大小城堡（图40）。

在各坊间有九条南北向街，和十二条东西向街，共同组成全城的棋盘状街道网。其中南北向和东西向各有三条街直通南

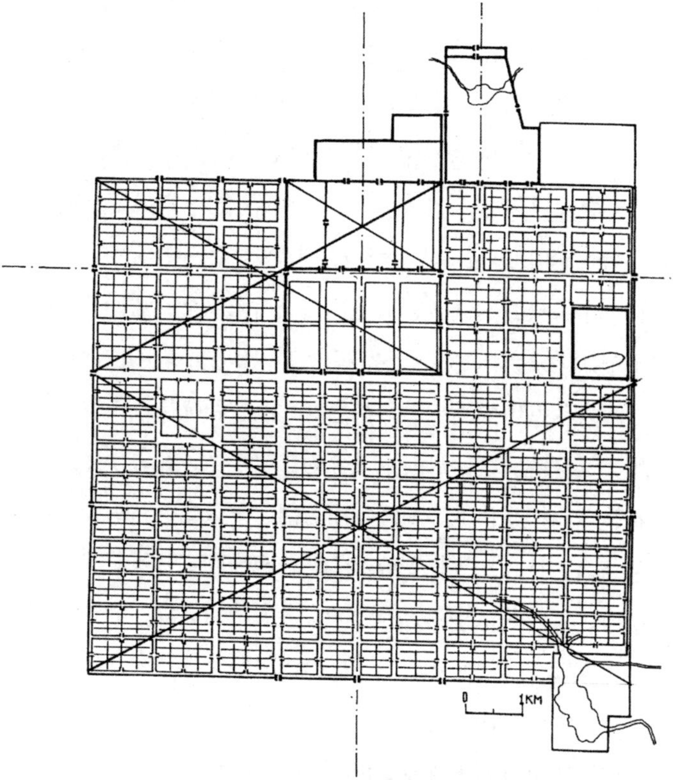

图 40　隋唐长安城平面示意

北面和东西面的城门，是城市的主干道，称为“六街”。在通六街的城门中，按都城的体制，南面正门开五个门洞，其余城门各开三个门洞，中门是皇帝专用的，两侧的两门供臣民出入。相应的，在六街上也是中间为御路，两侧是臣民用的上下行道路。路两侧植槐为行道树，最外侧为排水明沟。皇帝正式出行要有五千人以上的仪仗和随从队伍，官员、贵族出行时往往有数十人的马队，所以街道都较宽。中轴线上主街宽一百五十五米，其余主干道宽也在一百米以上，坊间的街也宽四十至六十米。其规模和规整程度在中国城市史上是空前的。

城内各里坊依大小不同在坊内形成东西横街或十字街，分全坊为二区或四区，每区中又分为几个小区，在每小区内再开横巷，巷内排列住宅。晚间关闭坊门，禁人出入，街道由军队巡逻，盘查行人，故长安城实际是一座夜间实行宵禁的军事管制城市。东西两市是固定商业区，各占两坊之地，面积都在一平方千米以上，每面开两门，道路网呈井字形，内开横巷，安排店铺，定日定时开放。

长安还建有大量寺观，8世纪初时有佛寺九十一座，道观十六座。国家及大贵族建的寺观规模有占半坊或全坊之例，如大慈恩寺、大兴善寺。长安有大量西域中亚商人，他们也建有波斯寺，袄祠和基督教支派景教的寺院。寺院开放时具有一定公共场所的性质，有对信徒传道的俗讲，也有吸引群众的戏场。

中国古代城市实行封闭的里市制度至迟始于战国时期（前390年左右），但两汉以来由于把里坊间杂布置在宫殿、官署旁，道路及街区都不甚规整。隋唐长安把宫城，皇城集中在内城，里坊布置在外郭后，可以各不相混，有规划地排列，在其间构成棋盘格状街道网，形成中国历史上最巨大、规整、中轴对称的坊市制城市。隋唐长安是中国古代都城规划的新发展，也表现出统一强盛的中国的宏大气魄。

用作图法对实测图进行验证，发现在城内各部分之间有一定模数关系。设以A表皇城东西宽，以B表皇城、宫城的总深，则皇城东西侧各十二坊的地区为长宽都为B的正方形。皇城以南部分的宽度是中区与皇城同宽，为A，东区、西区宽同皇城之深，为B。整个南部南北有九列坊，如以三列为一组，则北、中两组之深为$0.5B$。但其南面一组为$0.52B$，是因为南城部分的总深度是根据与宫城为相似形的要求而定的，二者不能兼顾所致。

上述情况表明，在长安城的宫城以外部分都是以皇城宫城的宽度A和深度B为模数的（图41）。

皇城宫城在古代是国家政权特别是家族皇权的象征，在都

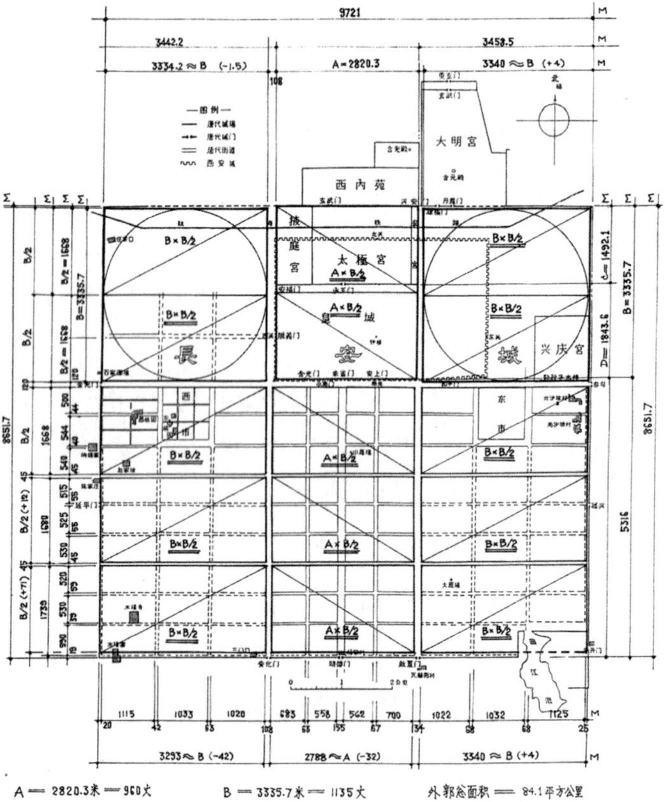

图 41　唐长安平面布局中模数关系分析示意

城规划中以它为模数，实有表示皇权涵盖一切、控御一切的意思。

东都洛阳城

604年隋代营建洛阳城，唐代续建完成。平面近于方形，南北七千三百一十二米，东西七千二百九十米，面积约五千三百三十万平方米。洛水自西南向东北穿城而过，分全城为洛北、洛南两部分。皇城、宫城建在洛北区西端较宽处，把坊市建在洛南区和洛北区的东部，形成宫城位于全城西北角，在其东、南两方布置坊、市的布局。

和长安城相同，洛阳的皇城也在宫城之南，城内集中建中央官署。宫城核心部分称“大内”，为正方形，东、西、北三面被重城环绕。宫城的正门、正殿、寝殿等都南北相重，形成一条主轴线，向南延伸，穿过皇城正门端门，跨越洛水上的浮桥天津桥进入洛南区，正对南面外郭城门定鼎门，形成全城的主轴线。洛南区划为方形坊市，定鼎门街以西四行，以东九行，每行由南而北各分六坊。另沿洛水南岸又顺地势设若干小坊，通计洛南区有七十五坊，以三坊之地建两市。在洛北区，皇城、宫城之东建有东城和含嘉仓。其东也布置里坊，通计洛北区共有二十九坊，以一坊为市。这片里坊之间有运河，称漕渠，自西面引洛水入渠东行，供自东方运物资入城之用。洛阳全城共有一百零三坊、三市，南北两区街道虽不全对位，但都是规整的方格网，洛阳的坊大小基本相同，街道网也比长安匀整，表示规划技术的进一步成熟（图42）。

北宋都城汴梁

汴梁在隋、唐时是水运便利、商业发达的一方重镇。五代时长安、洛阳被毁，故后周定都于此，按都城的要求进行规划，修补外城，疏浚河道、城濠，在外围增筑罗城，以拓展城区。建隆元年（960年）北宋建立后，逐步建设完善，成为一代名都。

唐汴州已有州城和衙城两重城，北宋以原衙城为宫城，原州城为内城（又称旧城），而以新建的罗城为外城（又称新城）。城门外建瓮城，城外有阔十丈的城濠（图43）。

内城周围二十里一百五十五步，东、西面各两门，南、北面各三门，共有十座城门，宫城在内城北侧中部。汴梁内城受旧汴州城限制，规模较小，不能采用在宫前大道两侧布置官署以壮皇威的传统做法。中央官署只能在城中分散布置，多与商

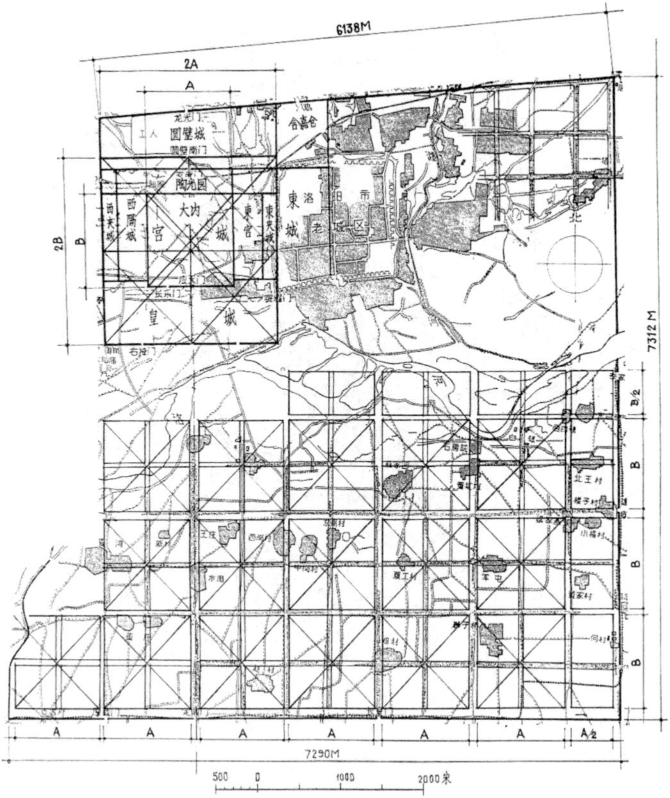

A — 1030米 — 350丈 — 2里100步　　B — 1052米 — 358丈 — 2里116步　　全城总面积 — 45.3平方公里

图 42　隋唐洛阳城平面示意

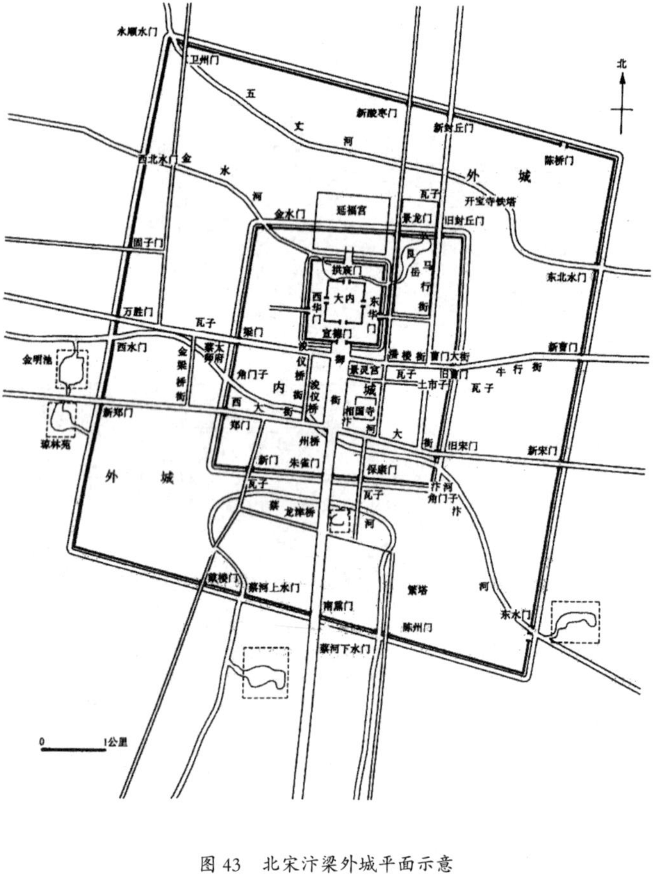

图 43　北宋汴梁外城平面示意

业区和居住区杂处。

汴梁内、外城最主要的道路是两纵两横四条贯穿内、外城的设有御路的大道。其中自宫城南面正门宣德门外御街向南，越过汴河上的州桥至内城南面正门朱雀门和外城南面正门南薰门，形成纵贯内、外城的长约四千米的南北向大道，是全城的中轴线。在东、西城南面两门之间有横过宣德门前和御街南端的两条东西向大道，横贯内、外城。另在宫城东侧有一条南北向大道，北至内、外城北墙上东侧的城门，是通向北方的大道。这四条大道通向东西南北四面的主要城门，是全城的主干道。北宋的重要宫观、官署、最繁华的商店主要集中在这四条街两侧及其附近，构成繁华的城市中心地带。

汴梁自南向北，有蔡河、汴河、金水河、五丈河四条河入城，河上有二十余座大小桥梁。这些河可解决城市排水和航运交通，对汴梁的城市生活和经济发展很重要。因河流主要承运来自东南方江淮的物资，所以城市的主要码头、仓库、货栈、邸店等多设在外城的东部，而旧城内的繁华商业街也主要集中于东部和南部。

自宫城正门宣德门南至汴河上州桥以北，为宽约两百步的宫前御街，中设御路，左右有砖砌御沟，沟旁植花树，在东西外侧建长廊，称御廊，可以进行商业活动，形成开放的宫前公共活动广场，这在都城中是创举，它与城中沿街设店形成的繁华街道共同构成开放性城市的新面貌，为中古都城向近古都城演变在城市面貌上的一个重要标志。

汴梁的重要商业街在宫城的东侧，集中了大型商业、金融、饮食、娱乐建筑，夹道密布摊贩，昼夜营业。由于商业发展，官府为了取利，也多在街道两侧建出租房屋，称为“廊房”，在码头建仓库，称为“邸阁”。在首都官建“廊房”的制度大约始于北宋，一直延续至明清时的南京和北京，如北京前门外的廊房头条等。

和前代都城相比，北宋汴梁有以下几个特点：

（1）历史上第一座开放的街巷制都城。自唐代中期以后，江淮地区扬州等商业发达的大城市已有夜市，出现了突破封闭、夜禁的坊市制旧体制的趋势（张祜诗云“十里长街市井连”）。在北宋建国之初，汴梁已有允许在三更以前不禁止夜市的法令，可知已出现夜市。北宋中期后顺应经济发展要求，在汴梁废除里坊制，使居住的巷可直通大街，大街两侧可设商店，形成我国历史上第一座开放的街巷制都城。在它的影响下推广到地方城市，这是经济发展推动中国古代城市体制发生重大变化的结果。

（2）三城相套、宫城居于内城中心的布局。中国古代都城，自汉至唐，宫城都要有一面或两面紧靠外城，以便在有内乱时外逃。汴梁开始把宫城完全置于大城之中是高度中央集权，杜绝了内乱的结果。这是中国王权专制政体由中期转向后期在都城体制上的标志之一。

（3）城市管理方法和设施的进一步完善。随着里坊的废除，又创设了“军巡铺”，在居住街巷每三百步设一所，有铺兵五人，负责所在地段的治安，颇似新中国成立前北平的“巡警阁子”。因无坊墙阻隔，居民区实际上连成一片，加以路旁建商店后道路变窄，防火也成为重大问题，为此，汴梁创设了监视火灾的望火楼制度，遇警可及时报告，由军队及开封府负责扑救。

军巡铺屋、望火楼等的设置适应了开放的街巷制城市的治安和管理需要，在中国古代城市管理上是首创的。但百姓、商人可沿街建宅、建店，又经常发生侵占街道之事，因此，在内城的街之两侧树立标桩，称为“表柱”，凡侵街者皆毁之。也属城市管理新措施之一。

元代大都城

元世祖至元四年（1267年）在金中都东北方创建新都，有外城、皇城和宫城三重城，面积约五千零九十万平方米，称大都，是我国历史上第一座平地创建的街巷制都城。从规划的完整性和面积的宏大而言，在中国和世界古代城市发展史上都具有重要意义。

外城遗址在今北京城旧城内城及其北部，平面呈南北略长的矩形，全部用夯土筑成，基宽二十四米，其东、西城墙的北段及北城的夯土城墙遗址尚存，现俗称“土城”。大都城的南、东、西三面各有三个城门，北面有两个城门，共十一座城门，上建城楼，元顺帝至正十八年（1358年），发生大规模起义后，在城门外加建了瓮城。

在大都东、西城墙的中间一门之间有一条横贯东西的大道，等分全城为南北两部。北半部在东西中分线上建鼓楼和钟楼，其间辟南北大道，形成全城的几何中轴线，大道南端的鼓楼居全城的几何中心。其西南的后海、积水潭是大运河的水运终点，在其周围，特别是鼓楼和钟楼一带，形成繁华的商贸中心，附近也布置了一些中央和大都的地方官署。

城的南半部宫城居中，其主轴线南对皇城正门棂星门和南城正门丽正门，形成全城的规划主轴，但不与全城南北向几何中分线重合而稍偏东。其北是御苑。与前代皇城建在宫城前不同，大都的皇城围在宫城之外，西面较宽广，包太液池和以后续建的兴圣宫、隆福宫及太子宫于内，东面较窄，主要安排服务及仓储部分。

城内的干道有南北向大街七条，东西向大街四条，共十一条，形成全城的街道网格，划分全城为若干个矩形街区。除皇城及大型官署、寺庙占地外，其余的街区内都等距离布置横向的巷，称胡同。大都是胡同直通向街道的开放性城市。大都的住宅遗址20世纪60年代曾发现数座，大多为四合院，但也首次发现了供出租用的联排式住宅，反映了大都商业发达、暂住流动人口增加的情况（图44）。

利用北京1：500地形图对其规划特点进行分析，发现了几点：

其一，若把大都的宫城和御苑视为一个整体，设其东西宽为A，南北总深为B，用作图法在城图上探索，可以发现，大都城之东西宽为$9A$，南北深为$5B$，即大都城面积是宫城与御苑面积之和的四十五倍（图45）。

其二，若在城址实测图上画对角线，则其交点正在鼓楼位置，即鼓楼位于大都城的几何中心。鼓楼钟楼间南北大街是大都城的南北向几何中分线。

其三，建在城南半部的宫城，其主轴线自主殿大明殿向南至南城正门丽正门，向北至万宁寺的中心阁，长约三千六百五十米。它应是大都城的规划中轴线，但却不在全城的南北向几何中分线上，而向东移了约一百二十九米。这是因为蒙古传统习惯“逐水草而居”，故所宫城建在太液池东侧受地域限制所致。元大都是中国历史上唯一在平地上按规划创建的街巷制都城，充分反映了当时的城市规划水平。

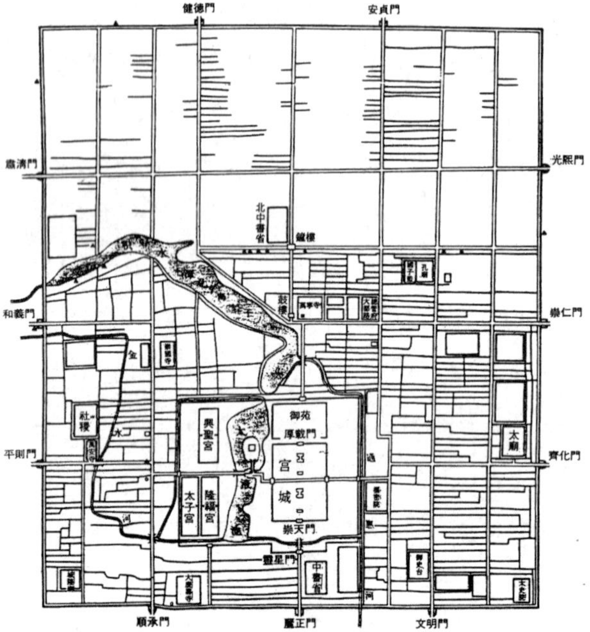

图 44　元大都城平面示意

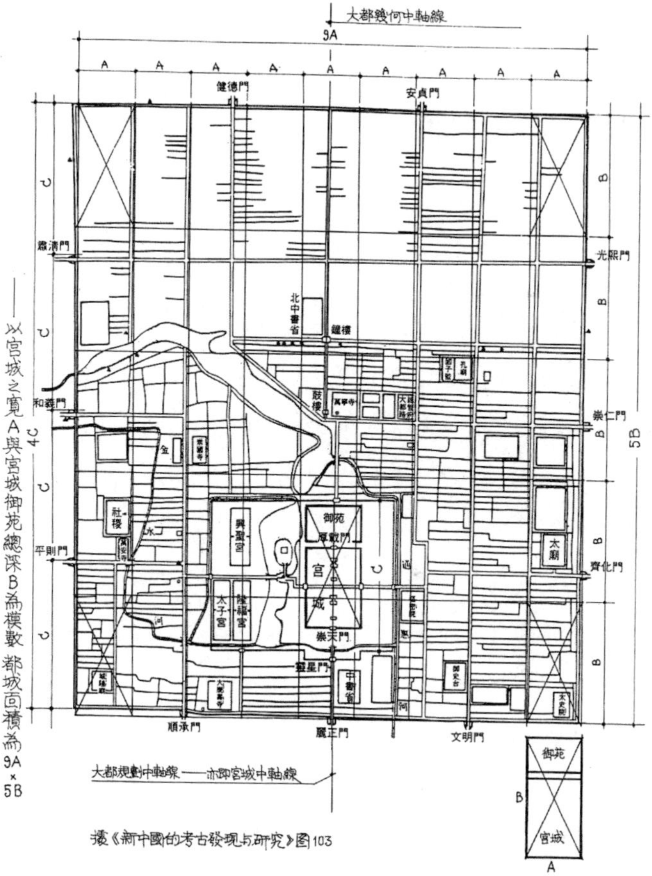

图 45 元大都规划方法分析示意

元明清三代都城北京城

北京在唐代为幽州，936年为辽所占，938年辽立为南京。1122年北宋与金合力攻克辽南京，暂归北宋管辖，称为燕山府。1127年金灭北宋后，1153年金海陵王建都于此，称为中都。1215年蒙古军攻占金中都，1267年元世祖忽必烈决定在金中都东北方以琼华岛为中心兴建大都，1284年基本建成。1368年明军攻克大都后，改称北平府。1416年，明永乐帝定都于此，在大都中南部建新都北京，于1420年基本建成。1644年明亡，清代仍定都北京。这是北京地区辽、金、元、明、清五朝建都的大致过程。

一、元代大都城

元世祖至元四年（1267年）在金中都东北方创建新都，为有外城、皇城和宫城的三重城，称“大都”，是我国历史上第一座平地创建的街巷制都城。从规划的完整性和面积的宏大而言，在中国和世界古代城市发展史上都具有重要意义。

（一）历史意义

都城是国家的统治中心。自西周起，各朝的都城大多建有大、小两城，小城为宫城，是宫廷、官府集中的权力中心，大城又称郭，其内安置居民。古人说：“城以卫君，郭以守民”，说明了大城、小城的不同作用。战国至五代（前475—960年）以来，都城都实行里坊制，把城内居住区建成用围墙封闭的里坊，把居民安置于里坊中，并实行严格的控制。居民出入要经过有专人管理的坊门，并实行夜禁，夜间街道由军队控制。宫城虽建在大城之内，但都要有一面或两面靠大城的城墙，目的是为了在发生叛乱或民变时便于外逃，这是当时的政治形势造成的，汉、唐的都城长安、洛阳都是这样。

到宋代实行高度中央集权和文官制，又集重兵于首都及其四周要地，地方军力和豪强势力削弱，形成内重外轻的形势，杜绝了内部政变和地方叛乱的可能，北宋都城汴梁才敢于把宫城完全置于城中。与此同时，北宋中期以后城市商业手工业繁荣，封闭的坊和市限制商业发展，因此拆除了坊墙，使居住的巷可以直通街道，并可沿街道两侧建商店和手工作坊，形成了商业繁荣的街巷制城市。为适应这种改变，在城内设置了大量近似于近代“巡警阁子”的“军铺”，直接控制城市治安和居民活动，代替了里坊的控制居民的作用。拆除坊墙后，置宫城于都城中心和实行开放的街巷制是中国皇权专制王朝进一步强化中央集权、由中期转向后期在都城建设上的标志之一。北宋汴梁、南宋临安、金中都这几座都城都是就原有的里坊制城市改造成的，布置受原有格局限制，历史上只有元大都是唯一一座在国家主导下按既定规划平地创建的街巷制的都城，并在明清两代基本沿用下来，充分体现了街巷制都城的特点，在城市发展史上有重要意义。

（二）城市概况

元大都外城遗址在今北京城旧城内城及其北部，平面呈南北略长的矩形，北城墙长六千七百三十米，南城墙长六千六百八十米，东城墙长七千五百九十米，西城墙长七千六百米，全部用夯土筑成，基宽二十四米，为了防雨，在城旁贮存大量芦苇秆，供下雨时苫盖。其东、西城墙的北段及北城的夯土城墙的残址尚存，现俗称“土城”。大都城的南、东、西三面各开三个城门，北面开两个城门，共十一座城门，上建城楼。元顺帝至正十八年（1358年），发生大规模起义后，又在城门外加建了瓮城。

在大都东、西城墙的中间一门之间有一条横贯东西的大道，等分全城为南北两部分。北半部在东西中分线上建鼓楼和钟楼，其间连以南北向大道，形成全城的几何中轴线，大道南端的鼓楼居全城的几何中心。其西南的海子（今后海、积水潭）是大运河的水运终点，在其周围，特别是鼓楼和钟楼一带，形成繁华的商贸中心，附近也布置了一些中央和大都的地方官署。

城的南半部宫城居中，其南北主轴线南对皇城正门棂星门和南城正门丽正门，形成全城的规划主轴，但它不与北城的南北向几何中分线重合而稍偏东。宫北是御苑。与前代皇城建在宫城前不同，大都的皇城围在宫城四周，西面较宽广，包太液池和以后续建的兴圣宫、隆福宫及太子宫于内，东面较窄，主要安排服务供应部分及仓储。

城内的干道有南北向大街七条，东西向大街四条，共十一条。受城内的皇城及湖泊的阻隔，在十一条街中，只有一条东西街、两条南北街贯通东西或南北。这十一条纵横大街形成全城的街道网格，划分全城为若干个矩形街区。除皇城及大型官署、寺庙占地外，其余的街区内都等距离布置横向的巷，称胡同。据实测，胡同宽约七米，中距为七十七点六米，则居住地段深约七十点六米，约合二十二点五丈。当时规定标准宅基地为八亩，据此增减。大都虽然名义上按大衍之数定了五十个坊名，但只是区划名，并无坊墙、坊门，是胡同直通向街道的开放性城市。大都遗址的北半部虽发现有划分横向胡同的遗迹，但建筑遗址稀少，很可能近北城处并未能充分发展起来或为传统的帐幕居住区。大都的住宅遗址20世纪60年代曾发现数座，大多为四合院（图46）。但也首次发现了供出租用的联排式住宅，反映了大都商业发达、暂住流动人口增加的情况（图47）。

大都街道都是土路面，沿主街两侧有石砌宽约一米、深约一点六五米的排水明渠，在跨越街道时用石板覆盖，末端通过城墙下的石砌排水涵洞排至城外的城濠中。居民区胡同的下水道情况因和明清遗迹重叠，目前尚不明了。在《析津志》中还记载了元大都始建时先开凿有泄水渠七所，并注明位置，是当时城市的排水干渠，其具体情况现在已不可考了。

大都的城市给水、排水问题在规划和建设中都有较好的处理。大都的水系主要有高梁河和金水河两个系统。高梁河引昌平白浮泉和瓮山泊（昆明湖）水自和义门（今西直门）北入城，汇入海子；至元三十年（1293年）又开挖通惠河，建

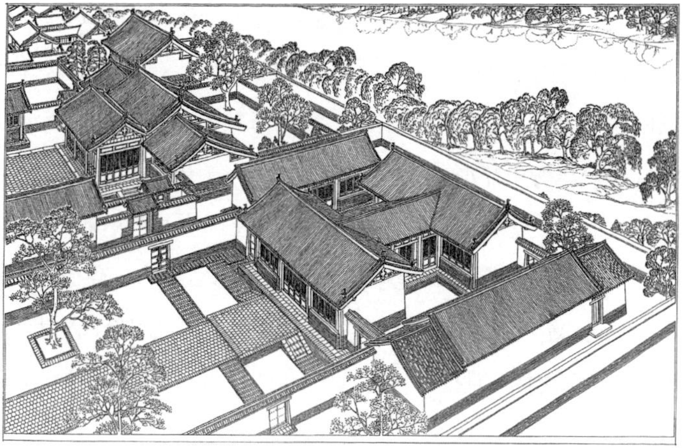

图 46　北京后英房元代居住遗址复原示意

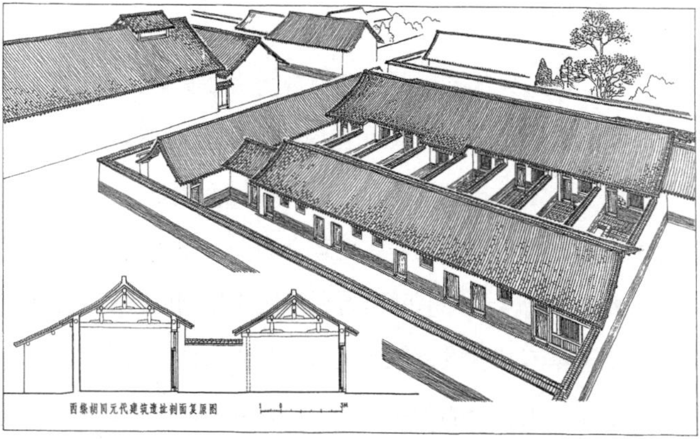

图 47　北京西绛胡同元代居住遗址复原示意

二十四闸，自通州引大运河的运粮船北入大都，泊于海子，解决了大都的漕运问题。金水河引玉泉山水自和义门南入城，向东向南转折，分两支分别注入今北海和中海，供应宫廷用水。一般居民用井水。除就地凿井外，还有流动售水车。《析津志》记有“施水堂”，说以垂直水轮连戽斗入于井下，人在上推平轮以转动直轮，提水至地上，注于石槽中，供人畜饮用。并说它是当时的创新，解决了生活用水。说明元代已发明了用机械汲水的方法。

（三）规划特点

因大都的实测资料数据尚未发表，只能就实测图并利用北京1：500地形图对其规划特点进行分析，发现了几点：

其一，若把大都的宫城和御苑视为一个整体，设其东西宽为A，南北总深为B，用作图法在城图上探索，可以发现，大都城之东西宽为$9A$，南北深为$5B$，即大都城面积是宫城与御苑面积之和的四十五倍。且其中东西侧各有两三条南北向大街之间距等于或基本等于A，也可作为大都城的规划以宫城为面积模数的辅助证据。都城以宫城为模数的规划方法在隋唐长安、洛阳已在使用，宋、金的都城因为都是由原来的州府级城市改造而成，故不可能兼顾这个特点。这种规划方法在元大都中再次出现，表明这种规划传统仍然存在。这只能归功于熟悉传统的规划者刘秉忠和他领导的汉族官吏、技师们。

其二，若在城址实测图上画对角线，则其交点正在鼓楼位置，即鼓楼位于大都城的几何中心。鼓楼钟楼间南北大街是大都城的南北向几何中分线。

其三，建在城南半部的宫城，其主轴线自主殿大明殿向南正对南城正门丽正门，北面在万宁寺内特建巨大的中心阁，作为这条主轴线的北端，长约三千六百五十米。它应是大都城的规划中轴线，但却不在全城的南北向几何中分线上，而向东移了约一百二十九米。这是由具体的地形决定的。蒙古是游牧民族，有逐水草而居的习惯，定居、建都、建行宫多选在有河流湖泊之处。进驻金中都后，出于这种习俗，在建大都之前忽必烈先在四周有太液池（今北海、中海）环绕的万寿山（即今北海琼岛）建行宫居住。所以在建大都时，也要求把宫城建在靠近湖泊处。因太液池偏南，所以其宫城也就只能建在都城的南半部。把宫城建在太液池东侧，即限制了它向西拓展，而宫城又需要一定宽度，只能转而向东拓展，这就出现了宫城的中轴线比全城几何中轴线向东偏移一百二十九米（约四十一丈）的结果。由此可知，在大都规划中，宫城位置一反唐、宋时位于都城中北部的传统而建在城之南半部，和主轴线不在全城几何中分线上，都出于要求宫城西临太液池。

元建大都时，隋唐故都久已毁去，可供参考的只有金中都和北宋汴梁，所以元大都可以说是根据蒙元立国的需要，结合具体地理环境，酌量吸收金及北宋都城传统而成。但宋汴梁、金中都都受原有旧城唐汴州、幽州的限制，地方首府的规模、气势远较隋唐故都逊色。元大都是在平地上创建的，可以在规划中充分体现其理想，如形成中轴线、城市干道基本对称布置和胡同有统一间距、隔街相应的胡同东西向基本连成一线等。

为表现帝都体制，大都在规划中也有吸取前代特色之处，如在南面正门丽正门至皇城正门棂星门之间建有长约七百步的“千步廊”，是从北宋汴梁和金中都宫前的“御廊”演化而来。在棂星门内建石桥称“周桥”，也是从汴梁汴河上正对御街的“州桥”（天汉桥）演化来的，这又表现出它与宋、金都城有某些延续性。

中国城市虽自北宋后期由封闭的坊市制改造为开放的街巷制，但只有元大都是中国历史上唯一在平地上按规划创建的街巷制都城，充分反映了街巷制都城的特点、优点和当时的城市规划水准。

二、明代北京城

明洪武元年（1368年）明军攻克大都，改称北平府，并把北城墙向南移两千八百米，缩小城区范围，以利防守。明永乐元年（1403年），朱棣夺得帝位后，称北京。永乐十四年（1416年）决策把元大都改建为新的都城，创建新的宫殿。至永乐十八年（1420年）基本建成，改称“京师”，以区别于南京。

（一）改建措施

中国古代有一个坏传统，即新兴王朝大都要把前朝的标志性建筑如宫室、宗庙甚至都城毁去，以绝其“复辟”之望，并树立自己的标志。秦始皇灭六国后，拆毁六国宫殿，故项羽出于报复也烧毁咸阳，以后就成为惯例，在各王朝更迭时大都发生过这种破坏。但明代拆改元大都，除延续这个传统外，还有民族因素。

元末农民起义的目的是反对元的暴政，特别是民族压迫，口号是“驱逐胡虏”，因此，明建国后的基本措施是恢复和发展唐宋以来的汉族传统。北京城是在元大都基础上改建的，所以其规划思想也是要从根本上改变蒙元特色，形成能代表“恢复中华”的明朝的新面貌。但大都的街道格局形成已近百年，很难做重大改变，所以只能基本沿用，而尽量去除城市中带有标志性的布局和建筑群，依照唐宋以来汉族文化传统加以改变。为把元大都改建为明北京，大体上采取了城与宫都向南移、改变宫与城的比例关系和以宫城轴线为全城轴线等措施。

1. 城向南移。明北京城的东西面沿用元大都旧城墙，北墙即洪武时建的新北城墙，南墙则因宫城南移，向南拓展了约七百米。所以明北京的位置比元大都稍向南移，并非全在元大都旧址上重建，面积也由元大都的五千零九十万平方米缩减为三千五百四十万平方米。都城南移后，东、西城保留了元代城墙上三门中的南、中两门，但改变了门名。南、北面城虽为新建，因街道网未变，城门只是沿街道向南推移，但也改变门名。这样，城门数由十一座减为九座，城门名也全部改变。

2. 拆元宫建新宫。建都之始即彻底拆毁元宫，在代表元代皇权的元后宫正殿延春阁基址上堆积大量拆元宫的渣土，形成人工土山，即现在的景山。此举含有对元政权镇压的象征意义，所以明人称它为镇山。明把新宫建在原元大内的南半部，东西宫墙沿用部分元代之旧，南北宫墙则向南拓展，形成现在的紫禁城。紫禁城宽与元宫同，而深度则有所缩减。

3. 改变都城与宫城间的比例关系。在都城、宫殿尺度改变后，都城与宫城间的比例关系也发生变化。明代都城、宫城的东西宽度与元代相同，其比例仍为九比一，但在南北深度上的比例改为五点五比一，这样，都城与宫城的面积比改为四十九点五比一。如考虑北京西北角内斜所缺部分，可视为四十九比一。《周易·系辞》有“大衍之数五十，其用四十有九”的说法，改建时令北京城与宫的关系为四十九比一，正是隐喻“大衍之数五十，其用四十有九”的说法，改变了元大都以九比五象征“九五之尊”的含义，在建都的经典依据上做了根本性的改变。

4. 确立全城唯一的南北轴线。新建的紫禁城在元宫基础上南移，所以仍位于元大都的规划中轴线上。同时，又拆毁了作为元大都几何中分线标志的鼓楼、钟楼和其东的中心阁，在原中心阁一线上建成新的鼓楼、钟楼，南对景山及紫禁城。这样，全城就只有这一条穿过紫禁城基本上纵贯南北的规划中轴线，改变了元大都几何中轴线与规划中轴线并存的现象（图48）。

以上是明永乐时把元大都改建为北京所采取的主要措施。

到宣德、正统时（15世纪上半叶）又进一步完善，在土筑的城墙内外侧包砖，形成完整的砖城。又修建了九个城门的门

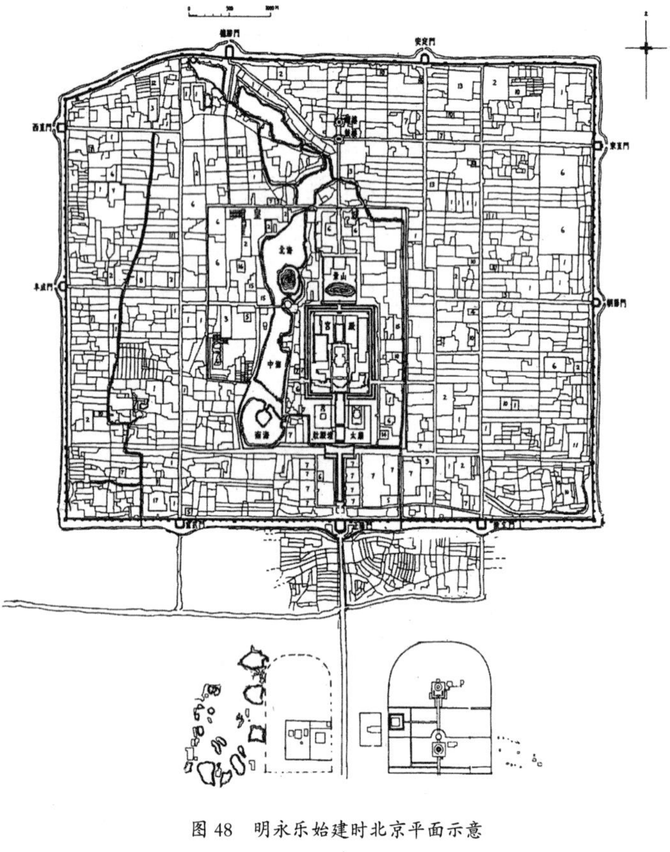

图 48　明永乐始建时北京平面示意

楼、瓮城，在城门外建牌楼和石桥，到正统四年（1439年）基本完工，形成远比大都土城壮丽的砖砌城池。正统七年（1442年），又在皇城正门承天门（今天安门）与皇城南突的外郛正门大明门（近代称中华门，已拆）间御道东、西侧的千步廊外侧按南京的布置特点分别建六部、五府等中央官署，改变了元大都官署分散布置的情况。这样，就基本上完成新都城的宫室和中央官署建设，也进一步突显了城市的中轴线。尽管原来大都的主要干道和东西向的胡同保留下来，但作为元政权标志的宫殿、坛庙、官署、城门、城墙等重要部分已被明代的新建筑所取代，元大都遂被改造成明代的新都城北京。

（二）明北京城的布局

明初建的北京城（今内城）东西宽为六千六百七十米，南北深为五千三百一十米，面积为三千五百四十万平方米。城南面三门，东、西、北各两门，共有九门。它的城市干道和胡同基本沿元大都之旧，因南北向的城门不相对，城内没有南北贯穿的街道，东西向的城门虽相对，却受积水潭与皇城阻隔，也未能形成横贯全城的街道，各城门内的大道的尽端大都是丁字街，成为北京城市干道的特点。城内由主、次干道形成纵长矩形的街道网，网格内即街区，街区内为横向的胡同。城内大道作丁字街在巷战时可阻碍敌方骑兵冲击，有利于城市防守，可能是与蒙古骑兵作战得到的经验。

新建的紫禁城宫殿在元宫基址上南移，其四周围以皇城。皇城内主要布置为宫廷供应、服务的机构，因其西侧包纳了三海苑囿区，所以形成偏向西侧的布置。宫城、皇城基本占据了城内的中心部分，自南城正门正阳门向北，经大明门、承天门、端门，穿过宫殿的午门、前三殿、后两宫、玄武门，再经景山、地安门，北抵鼓楼和钟楼，聚集了全城最重要、最高大壮丽的建筑物，形成一条长四千六百米的城市规划中轴线和天际线，并在皇城前部左右集中建中央官署，最大程度凸显了高度中央集权王朝的都城的气势。

由于皇城居中，遮断了城中部的东西向主要通道，北京最重要的表现帝京街道面貌的只能是崇文门内大街和宣武门内大街两条南北向长街。在它们与东、西长安街和朝阳门内、阜成门内大街相交处各建有牌坊，作为路的阶段标志，并打破长街的单调。在朝阳门内大街、阜成门内大街相交处的十字路口所建的四座跨街的牌楼的周围形成商业集中区。作为居民区的胡同虽可直通大街，但在胡同口设有栅栏，并建有供看守人居留的称为“堆拨”的小屋，以管理居民夜间出入，明清北京并不是一座居民不受限制、昼夜都可自由出入的完全开放的城市。

北京的街道基本为土路面。它的下水道系统基本沿用大都之旧，并随新城南拓有所发展。街渠有明沟和暗渠。干渠为明沟，暗渠大多用砖石砌成，上盖石板。史载乾隆时内城小巷沟渠长九万八千一百丈，明代虽小于此，也应有相当规模。这些暗渠虽考虑到利用夏季雨水冲刷清淤，但每年仍要轮番挖淘污泥，届时即形成城市的重要污染源，且常有行人失足陷沟的记载。明代历朝都有命有关官吏巡查，及时修理，防止地沟淤塞或遭到破坏的记载，表明它始终是城市维护管理上必须时时注意的较严重的问题。

（三）明后期拓建南外城

明自正统以后，北方边警频传，正统十四年（1449年）蒙古瓦剌部俘获了明正统帝，北京震动。至明嘉靖年间，蒙古俺答部又屡次入侵，明廷遂在嘉靖二十六年（1547年）决计修筑北京外城。原计划四面都建外城，总长七十余里，但至嘉靖三十二年（1553年）修完南面部分十三里左右后，就因人力、财力困难而停工，北京就由初建时的矩形发展成在南面建有外城的凸字形平面。

南外城东西宽约七千九百米，南北深约三千二百米，南面三门，东、西面各开一门，北面两门。由三条南北向街与一条东西向的大街垂直相交，形成干道网。建外城后，北京的城市中轴线向南延伸至永定门，长度增至七千六百米，城区面积也增至六千二百五十万平方米（图49）。

南外城原为关厢，西侧曾是元代由南城（金中都）到大都

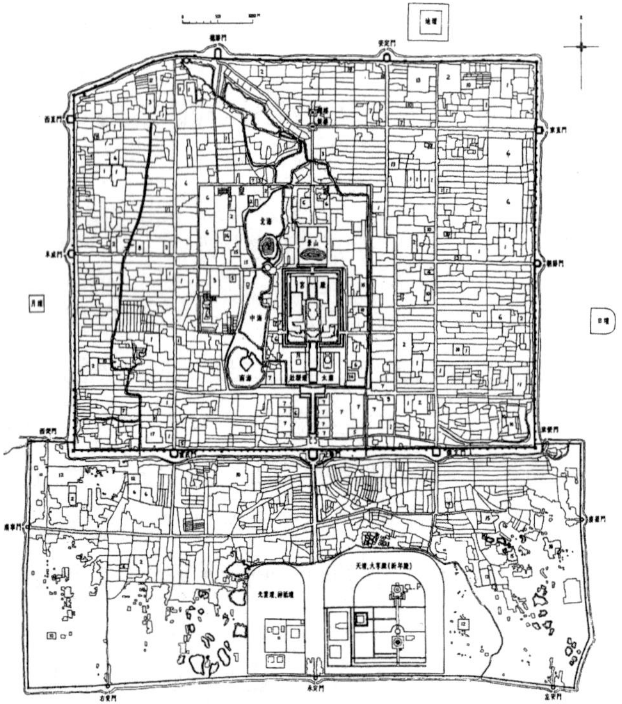

图 49　明嘉靖三十二年增筑南外城后的北京平面示意

的通道，形成几条由西南向东北走向的斜街，只有西侧靠近前门大街的部分，因为明初官府在这里修建了若干排称为“廊房”的出租房屋，供外来经商、务工人员暂住，在正阳门外大街的东、西侧形成商业横巷，并逐渐发展成北京的重要商业、手工业地区。新建南外城后，商业手工业更为繁荣，还出现大型酒楼、戏楼，成为明后期北京最繁华的地区之一，也带动了北京经济的整体发展。

在大城市中随着商业手工业的发展，必然出现暂住外来人口，元大都虽未见记载，但从发掘出的西绦胡同元代联排简易住宅遗址，证明已有此类建筑。明初在南京也建有联排的商业用房，供出租之用。现存正阳门外的廊房头条等就是这种由官府有规划地成片建造的出租廊房的遗例，是商业发展后城市中新出现的建筑类型。

三、清代的北京城

1644年李自成兵败西逃时只破坏了部分宫殿，城市基本完整，故清入关后即定都北京。清定都后北京的较大改变有三：

其一，迁内城的汉人于南外城，以内城为满城，城内除屯驻八旗军外，只允许满人居住，并建了大量的王、贝子、贝勒等贵族府邸，使内城成为满族军民的专属居住区。

其二，因内城所住均为满人，也就不再需要皇城的限隔，除保留若干宫廷服务机构、库房、寺庙外，大部分改为居住区，使八旗军和满人居住在皇城之内，更便于使其拱卫宫城。今西皇城根以东至府右街地区和东皇城根以西至南、北池子和景山后街地区的居民区即形成于此时，因为是后形成的，故与其东西外侧元、明时的胡同无对应关系。

其三，因驱逐汉人于南外城，转而使南外城比明代充实、完善、繁荣。

据《大清会典则例》记载，顺治九年曾规定，“凡由内城迁徙外城官民，照原住屋数给银为拆盖之费，……察南城官地并民间空地给与营造。” 可知驱赶到南外城的不仅是汉族百姓、商人，也包括地位很高的官吏和文士，这就增加了南外城在经济、文化上的重要性，成为清代北京的经济、文化中心。有清一代，南外城商业繁荣，以正阳门外大街为中心，东西至崇文门、宣武门外大街为最繁华商业区。明代正阳门外大街原宽近八十米，由于商业发展，路的东西侧被新发展的商店侵占，形成两条平行于大街的商业带，至清中后期正阳门外大街之宽缩小至二十多米，成为拥塞的商业街。街两侧有些商店为楼屋，还建有戏院等公共建筑，而在商业带的外侧形成两条南北小街。清代以崇文门、宣武门外大街为中心还建了大量各省、市的同乡会、会馆等。很多著名文人学者入京后也聚居于此。随着人文荟萃，在琉璃厂还形成了以书肆为主的著名文化街。

在内城除兴建各级满族贵族和官吏府邸，也把原有住房分配给旗民、旗丁等居住，以其饷金抵扣房价。久之，这些旗民中不事生产者往往拆卖所居房屋，不断造成市容的破坏，为此，在雍正十二年（1734年）曾下令："京师重地，房舍屋庐自应联络整齐，方足壮观瞻而资防范。嗣后旗民等房屋完整坚固不得无端拆卖，倘有势在迫需，万不得已，止许拆卖院内奇零之房，其临街房屋一概不许拆卖。"以后在乾隆八年、十九年也有相似禁令。但实际上只能禁止其拆临街的房屋，胡同内者只要不拆临胡同房屋，把内部拆成空地也无人过问。这情况在清人笔记中也有记载。大约在道光、咸丰以后，随着清政权的日趋衰落，对满城内居民的限制也逐渐松弛，汉官、汉人又逐渐可以进住内城，购买和自建房屋，内城的建筑有小的恢复和发展。至清末期，内城居民又恢复到以汉人为主体。北京在1900年八国联军入侵时又受到一定破坏，内城正门正阳门被焚毁，稍后复建，还在棋盘街东、西侧建商店，以制造"天街"的虚假繁荣。

四、明北京天坛

永乐十八年（1420年）在北京建天地坛，实行天地合祀。其地盘南方北圆，建有一重坛墙，四面各开一门，以附会“天圆地方”的说法。其内在中心处筑矩形高台，台边砌矮砖墙，四面各开一门。台上建矩形的主殿大祀殿，四周由殿门、配殿，廊庑围合成南面方角、北面圆角的殿庭，与坛区地盘的轮廓相应。自坛的南门向北筑一条高甬道，直抵天地坛的正门，称丹陛桥，形成严格的中轴对称布局。古代大建筑群规划有用主体的长度或面积为模数的传统，循此线索在实测图上探索，发现此时坛区的宽、深是台宽一百六十二米的八倍和六倍。亦即坛区以大祀殿下高台之宽为模数，宽是其八倍，深是其六倍（图50）。

明嘉靖九年（1530年）改为天地分祀，在天地坛之南新建祀天的圜丘坛，其地盘是横长矩形，以天地坛的南门、南墙为北门、北墙，在其东、南、西三面建墙，围合成坛墙，每面开一门。在坛墙内建外方内圆两重壝墙，四正面各开一门，圆壝内建高三层的圆坛，即祭天的圜丘。嘉靖十八年（1539年）又在坛北门与方壝北门之间建贮存祭天牌位的重檐圆殿皇穹

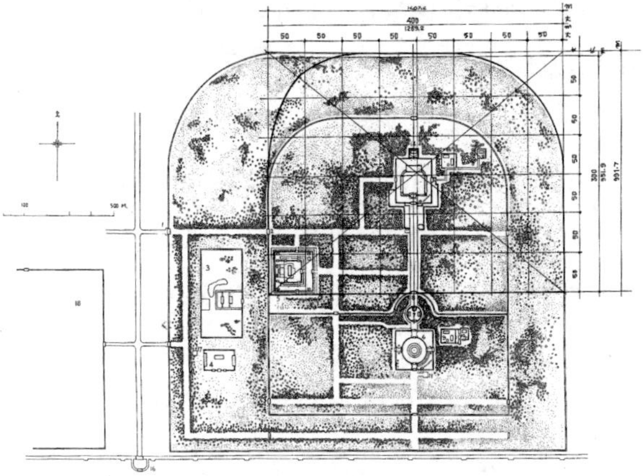

图 50　永乐天地坛总平面复原示意

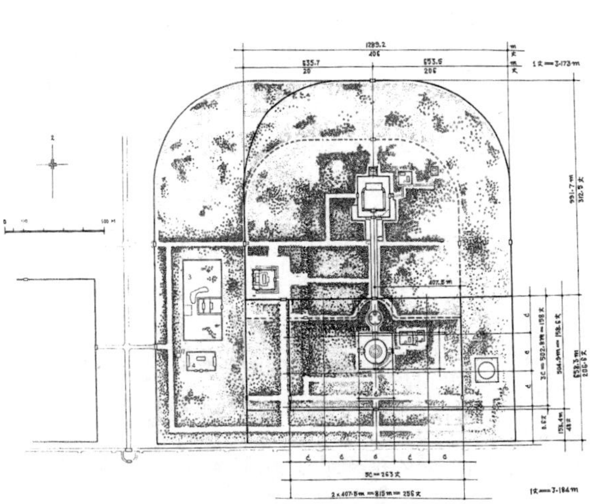

图 51　明嘉靖九年创建的圜丘坛示意

宇，其外周以圆形砖砌围墙，南面开门。圜丘坛和皇穹宇建成后，基本形成新的祭天区。二者南北相重，形成中轴线，与原天地坛的中轴线相接，形成南北长约九百米的共同中轴线，把两区连为一体。以圜丘各部分尺寸与坛区宽深比较，发现圜丘坛区的宽、深分别是方壝的边长五十一点二丈的五倍和三倍，即规划时以方壝的宽度为模数。这和天地坛区以高台的宽度为模数的手法是相似的（图51）。

嘉靖二十四年（1545年）把原大祀殿改建成大享殿，即今祈年殿。大享殿建在三层白石砌成的圆坛上，称“祈谷坛”，殿身圆形，直径二十四点五米，上复三重檐攒尖屋顶，是坛区最宏伟巨大的建筑物。又在其北建贮祭器的皇乾殿，完成了对原天地坛一区的改建。此时的坛区只有一重坛墙，以现在的内坛西墙、南墙和外坛的北墙、东墙为界，东西一千二百八十九点二米，南北一千四百九十六点六米，圜丘坛和大享殿两区在坛区的中轴线上南北相对。它的正门不再是南面的成贞门而改以西墙上的西天门为正门（图52）。

嘉靖三十二年（1553年）北京增建南外城后，包天坛于城内，为与其西的先农坛形成夹正阳门外大道相对的形势，遂增建了外坛墙，把坛区向西扩到近大道处，向南扩到近外城南墙处，在坛区的南、西两面形成内、外两重坛墙。与之相

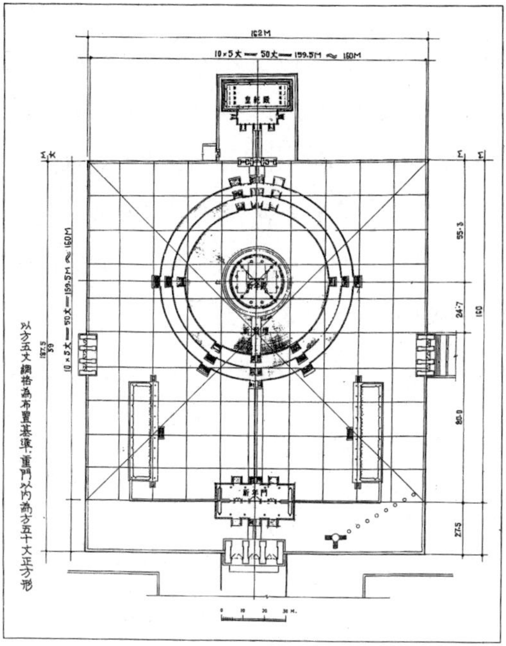

图 52　明嘉靖二十四年建大享殿平面分析示意

应，在东、北两面也须形成内、外两重坛墙，因坛区已不能向东拓展，遂以北、东两面的原坛墙为外墙，把圜丘内坛的东墙向北延伸为新的内坛东墙，以成贞门至祈年殿下方台之距（丹陛桥之长）的两倍定内坛墙北门，最终形成内、外相套的两重坛墙，这样，天坛就由原来的轴线居中变成中轴线偏在坛区东侧的现状（图53）。

综括上述，可知天坛的形制有一个发展过程，在明嘉靖三十二年（1553年）以后始形成现状。历代祭天都建露天的圆台，现圜丘也是这样。但圜丘建成后，它北面明初所建合祀天地的大祀殿必须撤去，遂改建为圆形的大享殿。本拟在大享殿行祈谷之礼，又因于礼经无据，且与先农坛功能重复，未能举行，故从礼制上讲，大享殿并没有固定功能。但是如从建筑群体布置角度来看，大享殿的建造，却使整个建筑群大为生

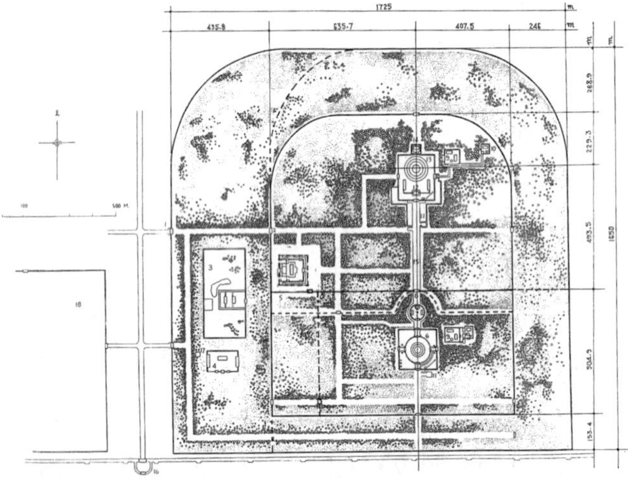

图 53　拓建南外城后的天坛总平面示意

色，成为坛区的中心。它改变了历朝建造露天圆台的传统，在较单调平缓的圜丘之北，矗立起体形巨大、形象端庄的大享殿，在高台、长甬道和浓密柏林的衬托下，成为全区的重心和天坛的主要标志建筑，使祭天的圜丘退居次要地位，其艺术震撼力远远超过了历朝的同类建筑。

清代把圜丘四周的阑杆由蓝色琉璃改为汉白玉石，把祈年殿的三层屋檐由青、黄、绿三色改为深蓝色，使天坛的建筑形象更为完整端庄，色调更为纯正典雅，是完善旧建筑极为成功的事例。

天坛始建于明代，完善于清代，代表了古代礼制建筑达到的最高水平，是我国古建筑中的瑰宝。

五、皇家苑囿及其规划方法

清代实物保存较完整，且多有实测图，可以对它的规划手法进行探讨。

清代供皇帝游赏而不居住的苑囿主要有城内的西苑和西北郊的颐和园、静明园、静宜园，都是大尺度苑囿，布局较自由，在规划布置上主要是强调对景和轴线关系，并建造某些超大型和超长尺度的建筑物，以控制人的景区，取得前所未有的突出成就。清代大型苑囿的另一特点是喜建园中之园，如中南海的流水音，北海的静心斋、画舫斋，颐和园的谐趣园，静宜园的见心斋等，精巧紧凑的小园与所在的大型苑囿在景观上产生对比，可起互相衬托、互为补充的作用。

1. 中南海。包括中海、南海。中海在金、元时已存在，明初新开挖了南海，并在它的北岸建南台一组，清代增修完善，改称瀛台。乾隆二十三年（1758年）在瀛台南部临水建迎薰亭，又在南面对岸建宝月楼（今新华门），与瀛台对景，形成南海部分的南北轴线。

2. 团城。为元代仪天殿旧址，明代用砖包砌为圆形城台，清代加以增修，称团城。台顶主建筑为承光殿，平面呈亚字形，建于康熙二十九年（1690年），殿左右古松环拥。在殿前建有琉璃砖亭，陈设元至元二年（1265年）所雕玉瓮，形成南北轴线。团城北倚北海琼华岛，南对中海万善殿，西为金鳌玉蛛桥，在当时起着中海和北海间的联系景点作用。

3. 北海。中心为北海中偏南的琼华岛，金代称瑶屿，元代称万岁山。清顺治八年（1651年）为了安全需要，曾在山顶设全城瞭望点和信号炮发射处，并建白塔为掩护，故又称白塔山。自乾隆六年（1741年）起不断在岛上建景点，至三十六年（1771年）基本建成。北海的北、东两面清代也增建大量建筑，北面以佛寺西天梵境为主体，临湖建琉璃牌坊，北端建琉璃佛阁，形成南对琼华岛的轴线。其东有园中之园镜清斋，其西在明代五龙亭之北建阐福寺。东岸北端建先蚕坛，遥对其南的画舫斋一组，也形成南北轴线。

北海的主景是琼华岛，山顶白塔为标志性景物。乾隆时环塔形成四个方向的轴线。南面自上而下为普安、正觉二殿和永安寺，前连跨湖通团城的堆云积翠桥，构成全园的主轴线。北面、西面、东面大小景点建筑自上而下，也构成轴线。但和南面轴线相比，都是辅助轴线。

为使琼华岛与其四周景物相呼应，在规划上采取了一系列措施。

其一，因团城略偏西，不在琼华岛南北轴线上，故把岛前的堆云积翠桥作成曲折的三段，北段在岛的南北轴线上，南段在白塔至团城间的连接线上，中段把南北段连接起来。又在桥南北建堆云、积翠两座牌坊，北对琼华岛，南对团城，都强调其对景作用，把琼华岛和团城两个重要景点有机地联系起来。

其二，受明代原有布置限制，北海北岸几所大建筑群都不在琼华岛的南北轴线上，为此，在琼华岛北面漪澜堂之西并列建与它形式和体量相同的道宁斋一组，令与北岸的西天梵境南北相对，形成对景和轴线联系。并在道宁斋之南的山崖上建承露铜盘，成为这条轴线南端的标志。

其三，因北海的主要水面在琼华岛之北，故从北、东、西三面观赏琼华岛的北面是重要景观。但因为山顶的白塔体量巨大，山北诸景点层次较少、体量也小，难以形成气势，故在岛北半部沿岸建高两层的半环形长廊，中部在南北轴线上建漪澜堂一组，以强调中心，在两端各建一城门楼为结束。这种处理把岛的北半部连为一体，大大增强了岛北面景观的整体性，也以它的大体量的建筑物突显了皇家苑囿的气势。

北海的大建筑群如永安寺、西天梵境、阐福寺、极乐世界、先蚕坛等都是按“择中”原则把主建筑置于地盘的几何中心的。

通过上述，可以看到清乾隆时对北海的建设是经过精心规划的。

4. 清漪园（即今颐和园）。其湖明代名瓮山泊，乾隆十四年（1749年）命汇集众水、逐步拓展，形成巨大湖面，赐名昆明湖。乾隆十六年（1751年）为祝其母六十大寿，改称瓮山为万寿山，在山前建大报恩延寿寺，形成景区中轴线，并陆续建成环山各景点，定名为清漪园，供皇帝来此游赏。它只把万寿山的东、北两面用围墙封闭，南、西两面有昆明湖为限隔，不建围墙，只控制关门和桥梁，百姓可在湖的东、南、西三面遥望，故万寿山南面是全园最重要的景观。它是一座东南、南、西三面敞开、由湖面限隔的半开放式皇家苑囿，基本是仿杭州西湖大意而建，以万寿山象西湖北面的宝石山、孤山，以西堤象西湖之苏堤。为了象征皇家苑囿中的蓬莱三岛，除湖中龙王庙岛外，又在西堤之外的湖中筑两小岛，上建治镜阁和藻鉴堂，形成三岛鼎立的格局。1860年，清漪园被英法侵略军焚毁。

光绪十四年（1888年），西太后把清漪园旧址改建为供她居住的离宫，改名颐和园。限于财力，只建了东部朝区仁寿殿、寝区乐寿堂及辅助建筑等，增修了沿湖东、南、西三面的围墙，包龙王庙岛、藻鉴堂两岛和西堤于园内，使成为全封闭的离宫。对后山和西堤以西部分则无力修复，仍为残迹。万寿山主体也是除改建大报恩延寿寺为祝寿的排云殿一组外，基本布局仍沿用清漪园旧规。

综合现状和清漪园遗迹，可以看到它在规划布局上的一些特点。

就主体部分万寿山而言，它以山脊为界，划分为前山和后山两部分。

万寿山前山面湖，可自湖南岸遥观，是主景。在图上可以看到今排云殿（原延寿寺大雄宝殿）一组自临湖的牌坊上升至山顶的佛香阁、智慧海，形成一条全山的南北中轴线。为强调这条中轴线，在其东、西侧对称建介寿堂（原慈福楼）万寿山碑和清华轩（原罗汉堂）宝云阁（铜亭）两组，形成辅助轴线。又在万寿山的东、西部临湖对称地建对鸥舫和鱼藻轩，在山前湖岸上形成以排云殿前牌坊为中心，东、西各建一轩馆的对称布局，以突出排云殿、佛香阁一线的中心地位。还采用了和北海琼华岛北面相似的手法，沿南面湖岸修建了长约七百米的长廊，以加强前山景物的整体性。由于湖中的龙王庙岛略偏东，不在排云殿、佛香阁轴线上，又在这条轴线向南的延长线上于湖之南部增筑凤凰墩，墩上建凤凰楼，与排云殿、佛香阁互为对景，用这方法把万寿山的中轴线向南延到湖南岸。（凤凰楼已被英法侵略军毁去，现于此处新建一亭为标志）此外，在万寿山的东、西部，在半山处分别建可以东望、西眺的景福阁、画中游两座较大建筑，成为万寿山东、西侧山顶的主要景点，同时也是可以在此东望圆明园、西望静宜园的观景点。

由于山南北地形的变化，山北的主轴线不得不略偏东，与山南的主轴错位约五十米。它的主体建筑自南而北为大型喇嘛庙香严宗印之阁和须弥灵境，又把北宫门建在其正北，连以长桥，遂形成山北面的主轴线。在香严宗印之阁的东、西侧还对称各建两座喇嘛塔，以衬托出主轴线。又在寺之东、西外侧各据一小高地分别建善现寺和云会寺两座小寺庙，形成北面主轴两侧的辅助轴线。在布置香严宗印之阁两侧的喇嘛塔时，有意把西侧的两座喇嘛塔建在自山南轴线向北的延长线上，这就使山南、山北的主轴线间产生了一定的联系。

园中的大型建筑群如德和园、玉澜堂、乐寿堂、排云殿、介寿堂、清华轩、须弥灵境等仍是按传统的择中手法把主建筑置于地盘几何中心。

从上述探讨可知，当时对清漪园特别是其中万寿山部分的规划布局是考虑得很精密的，反映了当时大型园林规划布局方法上的新成就。

明代北京宫殿坛庙等大建筑群总体规划手法的特点

中国古代建筑的最重要特点之一，是采取院落式的群组布局，建筑物沿水平方向展开。各种建筑群，大至宫殿庙宇，小至民居，都把大大小小的单栋建筑围成尺度和空间形式各异的院落，以满足不同的使用要求，并取得丰富多样的艺术效果。从现存的一些大建筑群看，尽管院落重重，屋宇错杂，空间形式富于变化，其布局却都主次分明、统一谐调，有明显的节奏和韵律，极富规律性。可见，中国古代群组建筑在规划和设计上必然有一整套行之有效的手法，否则是难以取得这样的效果的。

现存的中国古代建筑典籍中，有关单体建筑的尚有《营造法式》《鲁班经》《工部工程做法》等技术专著，唯独对城市规划和大建筑群的总体规划和布局方面几乎没有留下什么著作和资料。我们只能通过对现存实物进行研究，试图找出某些线索来。

中国古代汉、唐、宋、元的宫殿祠庙等，史书盛赞其千门万户，宏壮雄深，可惜都已毁灭。个别遗址虽进行了局部发掘，也不能了解其全貌。在现存大型古建筑群中，保存基本完整，并可较好反映原规划设计意图和手法的，只有明清时代的建筑，包括宫殿、苑囿、坛庙、王府和皇家修建的大寺观等。其中北京紫禁城宫殿、太庙、社稷坛、天坛等，基本保持着明代的布局，又都属皇家工程，它们在总体规划上表现出的共同特点，应即明清规划设计手法的特点。且明代宫室、坛庙，上承宋元，下启清代，从这里开始探索，如有所获，也便于上溯下延。

下面，分别对北京紫禁城宫殿、太庙、天坛的规划特点和使用手法进行介绍。关于上述各建筑群的艺术处理和成就，近年分析探讨的论文颇多，本书不赘述。

一、北京紫禁城宫殿

紫禁城又称大内，现通称为故宫。故宫始建于明永乐十五年（1417年），永乐十八年（1420年）建成。宫中的主要建筑前为太和、中和、保和三殿相重，称“前三殿”，后为乾清、坤宁二宫（也是殿），称“后两宫”。“后两宫”之左右有“东西六宫”。它们都是主殿居中，由廊房配殿围成殿庭的宫院。通过对紫禁城宫殿的现状进行仔细研究，发现它在具体的规划设计上确是经过精心考虑，具有很多特点的。

（一）紫禁城宫殿和明北京城的关系

明洪武元年（1368年）徐达攻克元大都后，改称北平府。因城周太广，不利于防守，当年即废弃北城墙，在其南约三千米处建新的北城墙，即今德胜门、安定门一线的北城墙，余三面城墙未加改变。明永乐十四年（1416年）十一月，明成祖朱棣决定在此建都，改称北京。次年（1417年）开始大规模建设。除于永乐十八年（1420年）基本建成宫殿、坛庙、王府外，还把南城墙从今长安街一线南拓到今正阳门一线。随后，在宣德、正统间（1426—1449年）陆续建成城楼、箭楼、宫前千步廊外侧的衙署，并在城内各地修建仓库等。这种情况说明，明永乐定都北京时必有一个统一的规划，陆续实施。但关于这问题目前尚未发现文字资料，我们只能通过对现状和遗迹的探讨，逐步加以揭示。

从较大范围研究明清北京城，目前所能利用的最好的实测图是北京市1：500地形图，这里即根据从此图上量得的资料进行探讨（图54）。

紫禁城的外廓尺寸从1：500图上量得为东西七百五十三米，南北九百六十一米。它在城中的位置，在南北向上，紫禁城北墙外皮至北城墙内皮之距为两千九百零四米，紫禁城南墙外皮至南城墙内皮之距为一千四百四十八点九米。以紫禁城外廓南北之长和这两个距离相比，就会发现2904（米）：961（米）=3.02：1，1448.9（米）：961（米）=1.51：1。

中国古代测长距离或以步，或以丈绳，都不很精确，在地形有变化时更不准确，百分之一至百分之二的误差完全可以略去。这样，就可以看到，紫禁城北墙与北城墙之距为其南北长的三倍，而其南墙与南城墙之距为其南北长的一倍半。这就是说，建北京时，在规划中把北京城的南北长定为紫禁城南北之长的五倍半；在确定紫禁城位置时，使紫禁城偏向南侧，令其与南城墙之距为与北城墙之距的一半。

明北京城的东西宽约六千六百三十七米，以紫禁城外廓之东西宽与它相比，则6637（米）：753（米）=8.81：1，近于九比一，误差为百分之二。

北京城的东西向尺寸因为有三海和积水潭的阻隔，较南北向更不易测量准确。北京紫禁城及城市中线不居城市之东西中

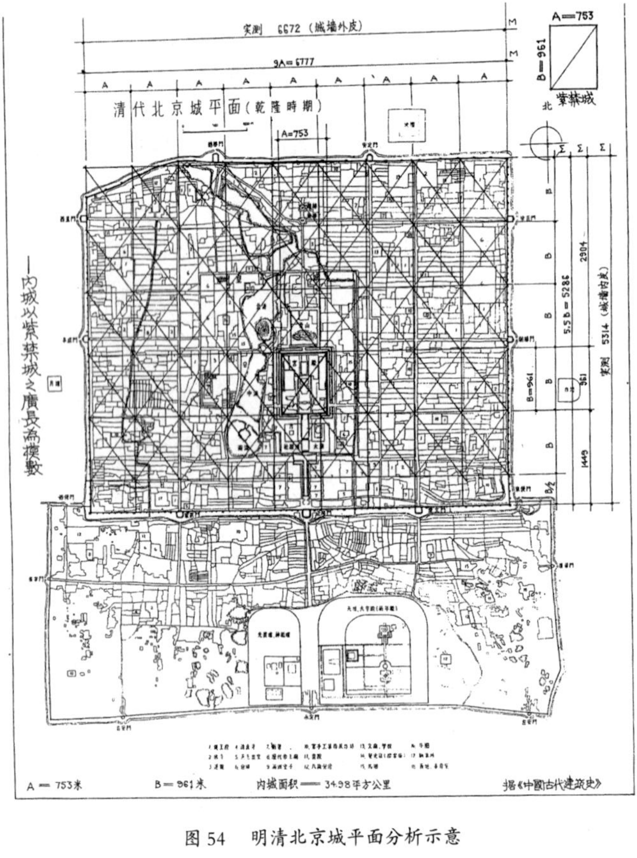

图 54 明清北京城平面分析示意

分线，主要是受西侧三海的影响，不得不向东偏移一百二十九米。但也不能完全排除有堪舆的影响或比附某些数字的原因。一些宫殿、坛庙史载的尺寸往往有奇怪的尾数，比如说紫禁城宽二百三十六点二丈，长三百零二点九五丈等，也可能有这方面的原因。据此种种，可以认为在规划北京城时，是以城宽的九分之一酌加一定尾数为紫禁城之宽的。从上面的分析可知，明代紫禁城之宽为北京城宽的九分之一，长为北京城长的五点五分之一。反过来说，也可以认为北京城之长宽以紫禁城之长宽为模数，宽为其九倍，深为其五倍半，面积为其四十九倍半，近于五十倍。

但明北京的东西城墙和明紫禁城的东西宫墙又都是局部沿用了元代大都城和元大内的东西墙，所以明北京东西宽为紫禁城九倍这个比例实际上是从元代继承下来的。近年考古学家对元大都遗迹进行了勘察发掘，作出平面复原图。设复原图中大内之宽为A，以大内与其北御苑南北总长为B，用作图法可以证实，大都城东西宽为$9A$，南北长为$5B$，即元大都之长、宽以大内与御苑之和为模数，城之面积为大内与御苑面积之和的四十五倍。

值得注意的是九和五两个数字。因为《周易》中多次有九五为“贵位”的说法，在注和疏中解释为“得其正位，居九五之尊”和“王者居九五富贵之位”，认为九五象征君位。后世遂引申出皇帝为“九五之尊”的说法，一般人不准并用这两个数字。元大都在规划中使都城和大内出现九和五的倍数关系正是要用这两个数字表示大内为帝王所居、大都为帝王之都，都属“贵位”的意思。

中国古代有个恶劣的传统，即新兴王朝常常要把前朝的都城、宫城毁掉，认为这样可以消灭前朝的“王气”。徐达攻下大都立刻把北城墙南移，除防守需要外，也未必没有这种因素。所以明朝在北京定都，必须对元都城和宫城大拆大改，决不能完全继承。

由于三海和城东一些池沼的限制，大都的东西墙和元大内的东西墙都不能改动，则在东西向九与一的比例便已经确定了，只能在南北向比例上改变。为此，把北京的南城墙和宫城紫禁城都向南移，在比例上改为五点五比一。这个比例的确定是有意使紫禁城的面积为大城的五十分之一。因为同样在《周易》的《系辞》中有“大衍之数五十，其用四十有九”的说法。王弼注说:“演天地之数，所赖者五十也。其用四十有九，则其一不用也。”宫城面积占全城的五十分之一，宫与城之面积正是四十九与一之比。古人建都城宫殿，讲究“上合天地阴阳之数”，以成“万世基业”。明朝改建大都为北京时，在东西墙受地形限制不宜改动的情况下，找到以“大衍之数五十”来取代元大都的九五贵位的比附手法，是颇费苦心的。它实际上只是把大城和宫城平行南移，缩减北城而已。城市的中轴线、干道网和街区内的胡同都沿用下来，同时也找到了引经据典的说法。明改造大都为北京，最大的变动是毁去元宫建新的紫禁城。元宫是元政权的象征，明朝必须把它拆毁。其办法是使新建的紫禁城稍向南移，使宫中最能象征元代皇权的帝、后寝宫延春阁留在紫禁城外北面，在其处堆积拆毁元宫的渣土，以示“镇压”，认为这样可使其永无复辟之望。在渣土堆上再培土植树，就形成现在的景山。明朝人常说景山是“镇山”，就是这个意思。这样，新的明北京就在元大都的基址上出现了，它仍然保持着都城以宫城之长、宽为模数的古老传统，只是比例数字和“理论依据”变了，象征皇权和政权的宫殿和官署也全部拆旧建新，泯灭了元大都和元政权的主要痕迹。

（二）紫禁城内各组宫殿间在面积上的模数关系

紫禁城宫殿由数十个大小宫院组成，都是封闭的院落，主要宫院在中轴线上，次要的对称布置于轴线两侧。现在中轴线上的主殿“前三殿”和“后两宫”两所主要宫院都屡建屡毁。“前三殿”在明代经正统五年（1440年）、嘉靖四十一年（1562年）、万历四十三年（1615年）、天启五年（1625年）数次重建，清代又把太和殿由面阔九间改为面阔十一间，改殿左右通东西庑的斜廊为防火的隔墙，并在东西庑加建隔火墙。“后两宫”经明正统五年（1440年）、正德十六年（1521年）、万历二十六年（1598年）、万历三十二年（1604年）几次大修，又在正德末嘉靖初于两宫之间增建了交泰殿。现存“三殿”“ 两宫”各单体建筑已非明初原物，但整组宫院的占地范围，门、殿、廊、庑的台基，主殿下工字形汉白玉石台座的位置、大小等都不可能有很大改变，我们仍然可以根据它们的位置、尺寸推测其设计规律和手法。

紫禁城“后两宫”的平面尺寸，东西向一百一十八米，南北向二百一十八米，呈一矩形宫院，其长宽比为十一比六。

“前三殿”建筑群的面积东西向为二百三十四米，南北向三百四十八米，以四角库内所包面积计为234（米）×348（米），其长宽比恰为二比三（图55）。但进一步分析这些尺寸，又可发现“前三殿”的东西宽约为“后两宫”之宽的两倍，这数字当非偶然。经在总图上反复分析核查，果然发现自太和门的前檐柱列中线到乾清门的前檐柱列中线间之距为四百三十七米，也恰为“后两宫”南北长度的两倍。这就表明，在规划设计“前三殿”时，是把自太和门前檐至乾清门前檐之距作为“前三殿”南北之长，并令其为“后两宫”之长的两倍的。这样，“前三殿”的面积就恰为“后两宫”的四倍。

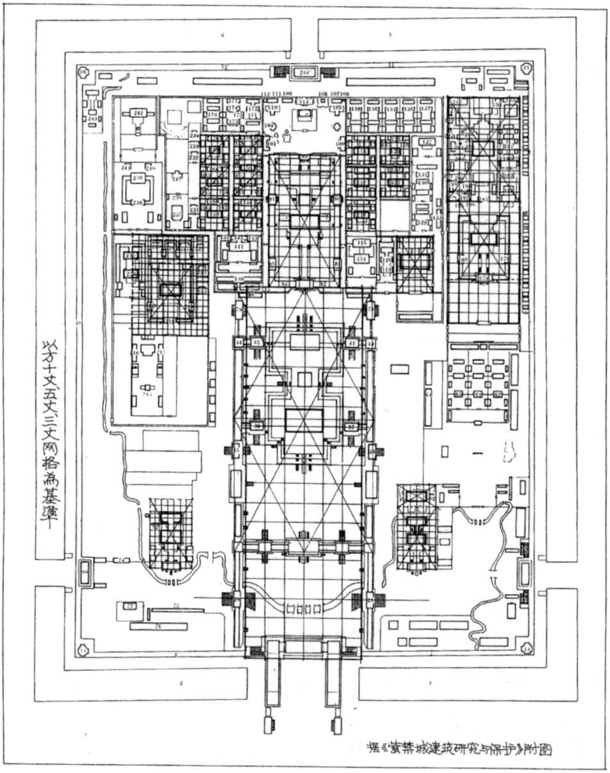

图 55　明清紫禁城宫殿平面分析示意

上面的情况表明，在紫禁城的总体规划布置上，某些重要建筑群的轮廓尺寸是受某一模数控制的。

在总图上还可看到，“东西六宫”的尺寸也与“后两宫”的尺寸有关。“东西六宫”在“后两宫”的东西侧，每侧两行并列，每行由南至北为三宫。“东西六宫”之北为“乾东西五所”，各有五座两进的四合院，东西并列。自“东西六宫”中最南两宫的南墙外皮至“乾东西五所”北墙皮之距为二百一十六米，与“后两宫”南北长度接近。“东六宫”自“后两宫”东庑外墙外皮起，至东面一行三宫以东巷道的东墙外皮之距为一百一十九米，与“后两宫”之宽同。这情况表明，在规划“东西六宫”时，也是受“后两宫”的轮廓尺寸影响的（图56）。

（三）“后两宫”与皇城中各建筑间的模数关系

从图57可看到，在午门至大明门（大清门）间的长度，也以“后两宫”之长为模数。自午门至天安门间东西朝房南北山墙之距（包括端门）为四百三十八点六米，比“后两宫”之长的两倍只多两米六，可视为即其两倍；自天安门门墩南面至大明门北原千步廊南端为“后两宫”之长的三倍；天安门前东西三座门间相距三百五十六米，是“后两宫”之宽的三倍。这就表明，在规划天安门至大明门这段皇城的前奏部分时，也令其长、宽都是“后两宫”长、宽的三倍，亦即以“后两宫”之长、宽为模数。

在更大的范围内看，自景山北墙至大明门处横墙之距为两千八百二十八米，为“后两宫”之长的十三倍。这就是说，皇城主要部分的总长度也以“后两宫”之长为模数。

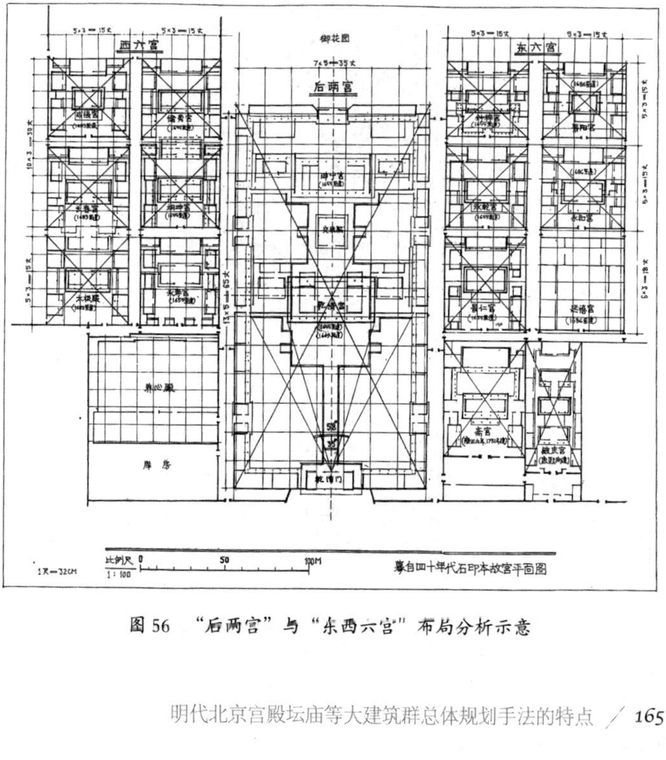

图 56 “后两宫”与“东西六宫”布局分析示意

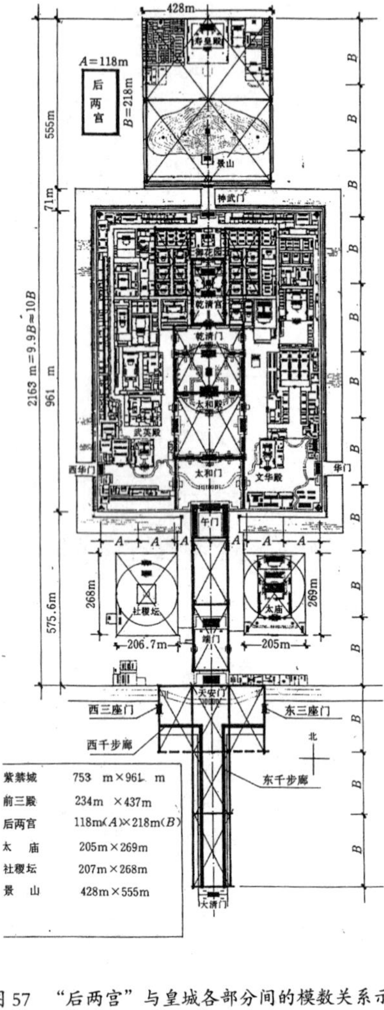

图 57 “后两宫”与皇城各部分间的模数关系示意

（四）宫院内部的建筑布置手法

上文所说只是就“前三殿”“后两宫”“东西六宫”等宫院的相对关系而言。它们都是大型宫院，在各宫院以内还有更为具体细致的布置方法。

第一，主殿居中。在紫禁城内各组宫殿，包括“前三殿”“后两宫”“东西六宫”等，都有个共同特点，即把各该宫院的主殿置于院落的几何中心。如在这些院落的四角间画对角线，其交点都落在主殿的中部，就是明证。

第二，用方格网为基准。在紫禁城内各宫院布局时，视其规模尺度和重要性，利用方十丈、五丈、三丈三种方格网为布置的基准。明代尺长在三十一点九厘米左右，据此画出方十丈、五丈、三丈网格，在各宫院实测图上核验，可以很清楚地看到对应关系。“前三殿”所用的是十丈网格，基本为东西七格，南北十一格。这方格网与“前三殿”的外轮廓无关；因为那是以“后两宫”为模数确定的，但却与院内布置密切相关。从图58中可以看到，前部殿庭如以太和殿东西的横墙为界，南至太和门东西侧门台基北缘恰为五格，而其东西宽以体仁、弘义二阁台基前沿计，是六格，即规划中令太和殿前殿庭为50（丈）×60（丈）。若殿庭南北之长计至太和殿前突出

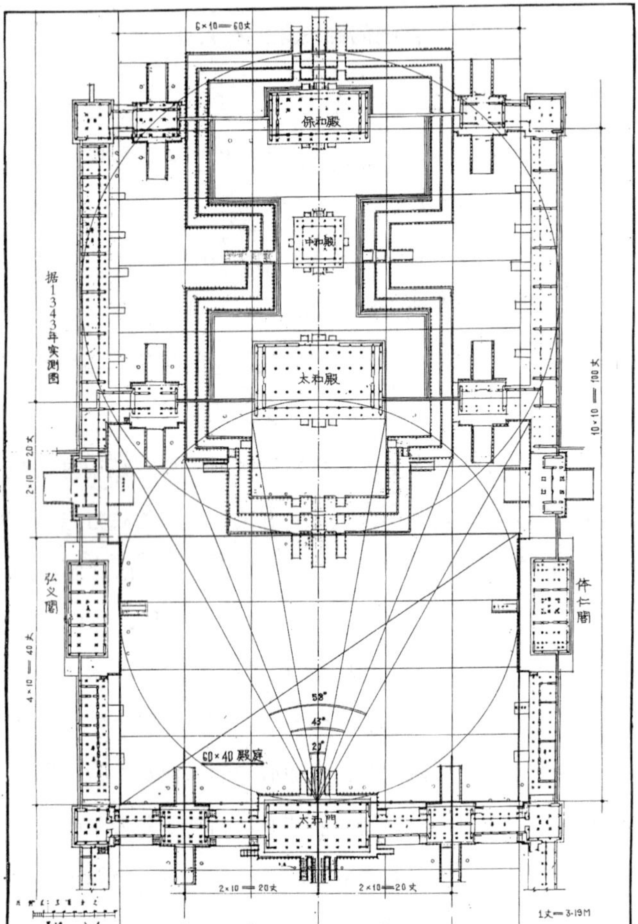

图 58 “前三殿”用方十丈网格布置示意

的月台前沿，则占三格，为三十丈，而太和殿下大台基之东西宽占四格，是四十丈。此外，太和门左右的侧门其中线都在网线上，与太和门的中线相距两格，即二十丈。太和殿的台基本身之宽占两格，也是二十丈。方十丈网格与“前三殿”建筑的密切应和关系证明它确是利用这种网格为基准布置的。

在太和门至午门之间、午门外至天安门外金水桥之间也是以方十丈网格为基准布置的。“后两宫”和“东西六宫”因尺度小于“前三殿”，使用的是方五丈的网格。“后两宫”东西七格，南北十三格，为宽三十五丈，长六十五丈，殿庭宽六格，为三十丈。“东西六宫”每宫宽三格，南北长包括宫前巷宽在内也是三格，是很有规律的布置。

建于清乾隆三十六年（1771年）的皇极殿、乐寿堂是运用方五丈网格最典型之例（图59）。它基本落在东西七格、南北二十四格的方五丈网格上，自南而北，横街占两格，宫前广场占四格，外朝部分占八格，内廷部分占十格，共深二十四格，即一百二十丈。在东西宽度上，宁寿宫门前广场及外朝院落均占五格，即二十五丈，主殿皇极殿占三格，即宽十五丈，内廷主殿乐寿堂所在院占三格，也是十五丈。这些现象表明宫内的布置与方五丈网格有极明确的对应关系。

紫禁城中更小一些的宫院如武英殿、慈宁宫、奉先殿

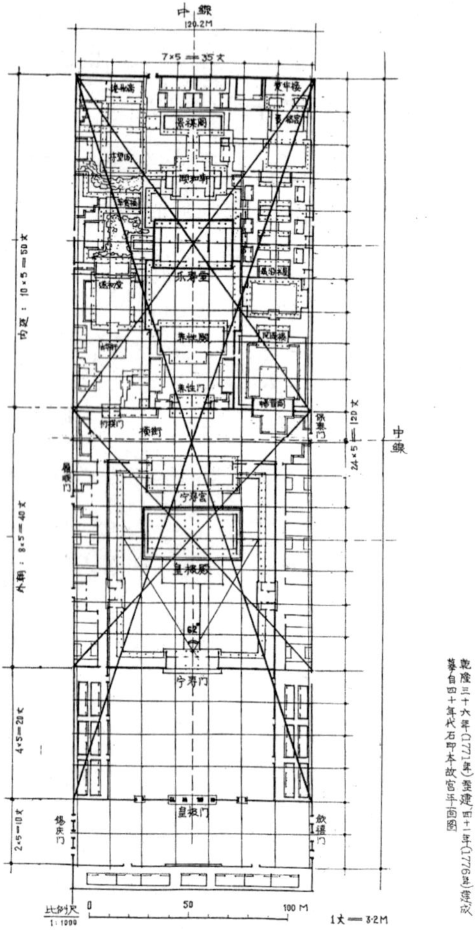

图 59　皇极殿、乐寿堂运用方五丈网格示意

等，则是采用方三丈的网格为基准的。

第三，数字比附。元大都宫城与大城间九与五的数字关系在紫禁城中也出现过。“前三殿”东西总宽为两百三十四米，“前三殿”下工字形大台基之东西宽为一百三十米，其间正是九比五的关系。此外，工字形大台基的南北长近二百二十八米，与“前三殿”总宽基本相同，故工字形台基之长宽比基本也是九比五。“后两宫”下也有工字形台基，其长宽为97（米）×56（米），基本也是九比五的比例。“前三殿”“后两宫”为外朝、内廷主体，所以有意采用九和五的比例，以强调其为帝王之居。

（五）这些特点和手法的意义和作用

从上述可以看到，在紫禁城的规划设计中，至少有三个多次出现的特点，即以“后两宫”之长、宽为模数，主体建筑置于几何中心和以方格网为院落内建筑布置的基准，其中有的是规划设计技巧，有的还含有某种象征意义。

以“后两宫”为模数除控制面积级差外，还有象征意义。在紫禁城内，最重要的建筑即“前三殿”和“后两宫”。前者举行大典，是国家的象征；后者为皇帝的家宅，代表家族皇权。古代王朝是一姓为君的家天下，国家即属于这一家，对于做了皇帝的那一家而言，就叫作“化家为国”。以代表“家”（家族皇权）的“后两宫”的面积扩大四倍形成代表“国”的“前三殿”，正是用建筑规划手法来体现“化家为国”。同样，使中轴线上北起景山南至大明门这么长距离也以“后两宫”之长为模数、使“东西六宫”和“乾东西五所”等小宫院聚合为“后两宫”之面积等也是这个含义，是要以此来表示皇权统率一切、涵盖一切、化生一切。推而广之，在都城规划中以宫城为模数，如元大都、明清北京那样，也有同样的含义。

紫禁城内各宫院，大至“前三殿”，小至“东西六宫”中各小宫，大都把主殿置于地盘的几何中心。这有很长远的历史。目前所见最早的例子是陕西岐山凤雏早周遗址，那时尚属商末，距今约三千年。这思想始见于文献是在战国末的著作《吕氏春秋》，书中说“古之王者择天下之中而立国（指国都），择国之中而立宫，择宫之中而立庙”。可知“择中”有悠久的传统。汉唐以来至明清，宫殿坛庙和大的寺观大都如此，在紫禁城中不过表现得更普遍而已。奴隶社会、封建社会都是等级森严的社会，在大小不等的建筑群中以不同的方式置主建筑于中心反映了那时在不同等级层次上都各有其中心，依次统属，最后都统属于皇帝的情况。从建筑布局来说，取中也是最容易做到的。

在规划布局中利用方格网的做法也有很久的历史。已知唐代大明宫、洛阳宫都用方五十丈的网格，基本定型于元代的曲阜孔庙用方五丈网格，北京的文庙、东岳庙用方三丈网格。在紫禁城宫城中，同时出现了三种网格，即外朝自主体“前三殿”起，南到皇城正门天安门为代表国的部分，用方十丈网格；内廷主体“后两宫”和太上皇所居的皇极殿用方五丈网格；外朝辅助殿宇武英、文华二殿和太后所住的慈宁宫用方三丈网格。这反映出不同网格的选用既与建筑群的规模大小有关，也和它的级差与性质有关。

从建筑规划设计上看，不同规模的建筑选用不同的网格略有些像使用不同的比例尺，可以把它们在建筑体量和空间上拉开档次；规模等级相近的建筑群选用同一种网格则易于控制其体量空间，以达到统一和谐的效果。这方法对于规划紫禁城这样由无数个大小宫院组成的复杂建筑群组尤为重要。

上述这些特点在下面将要介绍的明清太庙和天坛中大都还可以看到，只是表现形式不完全相同而已。

二、北京明清太庙

现在的劳动人民文化宫即北京明清太庙，在紫禁城外东南方，午门至天安门间御道的东侧，隔御道和社稷坛遥遥相对。它始建于明永乐十八年（1420年），现存建筑为明嘉靖二十四年（1545年）重建，又经清乾隆元年至四年（1736—1739年）大修。现状为内外二重围墙。外重南墙正中建一开有三个门洞的墙门，两侧各有一侧门；北墙只正中建一三个门洞的墙门而无侧门。内重南墙正中建面阔五间的戟门，中间三间设板门，戟门两侧各建一间宽的侧门；北墙与后殿北墙在一条线上，只在后殿东西外侧各开一侧门。在内重墙内，于中轴线上，前后相重建前殿、中殿及后殿。前殿是祭殿，中殿是放帝、后木主的寝殿，共建在一个工字形台基上。后殿是存放世远亲尽祧庙的各帝、后木主的处所，另建在较矮的台基上，与中殿间有横墙隔开。现在前殿面阔十一间，左右有面阔十五间的东、西配殿；中殿、后殿各九间，左右各有五间配殿（图60）。

现太庙的外重墙东西宽二百零六点八七米，南北长为二百七十一点六米，略近于三比四的比例。在天安门内御道西

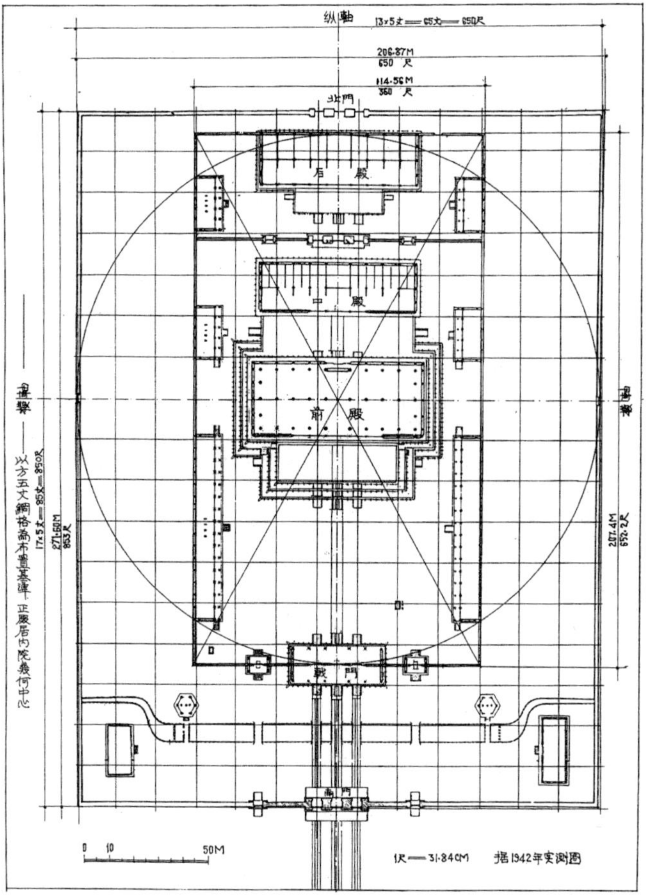

图Ⅱ—3—25

图 60　明清太庙总平面分析示意

侧与它相对的社稷坛的外重墙东西宽二百零六点七米，南北长二百六十七点九米，实际相等，表明是在明初始建时统一定下的尺寸，相当于明尺650（尺）×850（尺）。

太庙内重墙东西宽一百一十四点五六米，南北长二百零七点四五米，其比例关系为九比五。和紫禁城三大殿一样，也是以九与五两个数字象征它是天子之居的，尽管这里供的是死去的皇帝。

它外重墙之东西宽二百零六点八七米和内重墙长二百零七点四五米实际上相等，则在外重墙宽和内重墙宽间也是九比五的比例，这和“前三殿”总宽与殿下大台基宽为九比五在手法上也基本相同。

在内重墙内，于中轴线上前后相重建有前、中、后三座殿，从内重墙四角画对角线，其交点正落在前殿的中心，证明前殿在内重墙围成院落的几何中心。以这交点为圆心，以它至内重墙南（或北）墙之距为半径画圆，则前殿东西配殿南山墙和后殿东西配殿北山墙的四个外角都恰好落在圆弧上，这应当是在设计中精心安排的。

太庙在布局上也使用方五丈的网格为基准。以明代尺长折算，太庙外重墙宽六十五丈，长八十五点二丈，内重墙宽三十六丈，长六十五丈。这样，外重墙范围可排东西十三格，南北十七格，内重墙可排东西七格，南北十三格。内重墙东西宽不取三十五丈，而用三十六丈是为了保持长宽比为九比五的缘故。

在图60中可以看到，画了方五丈网格后，金水河的北岸、戟门台基南北缘、前殿南北台基边缘、后殿南之隔墙都在东西向网格线上；外墙南门、戟门、前殿、后殿的侧阶、侧门中线都在南北向网格线上。还可看到戟门、前殿前月台、前中殿之距都占一格，即控制在五丈左右；戟门北阶至前殿南阶相距五格，即二十五丈；前殿月台上层宽占三格为十五丈。从这些现象中可以看到方格网在布置院内建筑时的基准作用。

在紫禁城宫殿中出现的置主殿于院落几何中心和以九、五的数位突显皇家性质的特点，在太庙规划中再次出现，表明它们是明代大型皇家建筑规划布局中的通用手法。

三、北京明清天坛

明清天坛在北京内城之南，内城正门正阳门和外城正门永定门间大街的东侧，隔街与西侧的山川坛相对。它始建于明永乐十八年（1420年），原是按历代传统建于都城之阳七里之内略偏东处的，明嘉靖三十二年（1553年）增建南外城后，才被包在外城之内西临正阳门外大街的。

它始建时称天地坛，是按明洪武十一年（1378年）建的南京大祀殿的规制建造的，实行天地合祀。到明嘉靖九年（1530年）又改为分祀天地，在大祀殿正南创建祭天的圜丘，形成今圜丘建筑群，另在北郊创建祭地的地坛。嘉靖二十四年（1545年）又在原大祀殿的基址上参考古代明堂的传说建圆形的大享殿，即今之祈年殿，每年春天在此行祈谷之礼。自此，天坛实际形成南北两部分，北为祈年殿一组，南为圜丘一组，中间隔以横墙，有成贞门相通，成贞门北有一条南北大道，直抵祈年门，大大强调了圜丘至祈年殿间的轴线。

天坛是现存明清皇帝祭祀建筑中最富特色的一组，以布局严整、形体庄重简洁、色彩瑰丽雅正、颇富神秘性而著称于世。关于天坛建筑群在建筑设计和施工上的卓越成就，近年论者颇多，这里暂不涉及，仅就其总体规划布局上的特点和现状的形成过程加以探讨。

中国古代宫殿坛庙一贯采取中轴线对称布置，前文所述紫禁城宫殿和太庙都是明证。作为祭天的天坛，其南北轴线却偏在坛区的东侧，实是非常奇特之事，但如果对其五百余年的发展变化做历史的考察，就可以找到原因。现天坛的前身永乐时所建天地坛的情况，在《大明会典》中有记载，且附有图纸，这里简称之为《永乐图》（图61）。嘉靖九年、二十二年所建圜丘、祈年殿两组在《大明会典》中也有图，这里简称之为《嘉靖图》。从这些图中我们可以看到今北京天坛的形成过程和规划特点。下面就分四个发展阶段加以介绍。

（一）永乐十八年始建时天地坛的形制和规划特点

据《永乐图》所示，结合《大明会典》等书的记载，永乐十八年按南京旧制所建的天地坛只有一圈南方北圆的坛墙，四

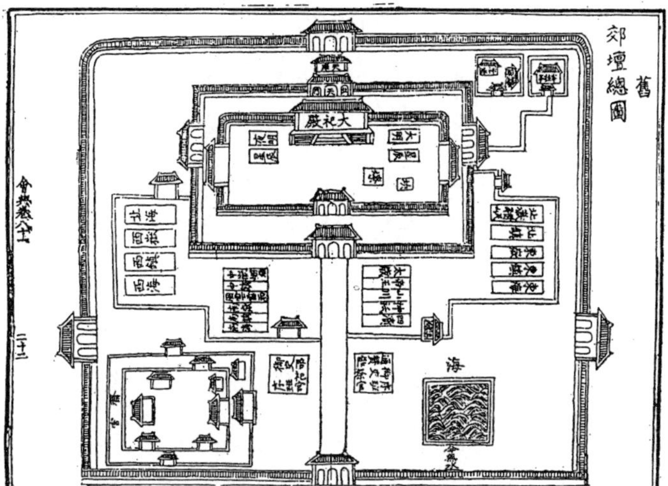

图 61 《大明会典》中的明永乐建天地坛示意

面各开一门，以南门为正门，自此有甬道向北，直抵主建筑群大祀殿前，形成全坛区的南北中轴线。大祀殿建筑群总平面矩形，有内外两重壝墙。外重壝墙四面各开一门，北门北有天库。南门以内又有一重门，名大祀门，门内北面殿庭正中即主殿大祀殿。它下有高台，上建面阔十一间的大殿，这高台实即坛，故明初记载称“坛而屋之”，殿前东西侧有东西庑。自大祀门两侧有内重壝墙，与大祀殿相连，围成南方北圆的殿庭，与坛区的轮廓相呼应。在坛区西南角建有斋宫，正门东向，面对大祀殿至南门之间的甬道。把《永乐图》与现状对照可以看到，坛区地形南高北低，现在坛内南北大道丹陛桥南端近成贞门处高出地面只几十厘米，但到北端接祈年殿处竟高出地面三点三五米，有近三米的高差。所以在这里必须先筑高台，使稍稍高于南门，才能建坛。再以《永乐图》所绘大祀殿一组与现祈年殿组比较，除大殿由矩形变为圆形，下增三层圆坛外，附属建筑及布置基本未变。由此可以推知现在祈年殿一组下面的矩形大台子和南北甬道是永乐时就有的。现在的斋宫位于祈年殿西南方，倚西、南两面坛墙，也和《永乐图》一致，因知斋宫西的内坛西墙就是永乐时的西坛墙。

在《永乐图》上，坛区中轴对称，现祈年殿至丹陛桥、成贞门一线即当时的中轴线，故东坛墙应在中轴线东侧与西墙对称处。现丹陛桥东有内外两重东坛墙，其中外坛东墙之距与西坛墙至中轴线之距六百三十五点七米很接近，所以可以确认它是永乐时的东坛墙。坛的正南门成贞门即《永乐图》上的南门，南墙即在这一线。现在弧形南折的南墙是明后期扩建斋宫后南移的。自祈年殿的中心南至南门成贞门之距为四百九十三点五米，北至外坛北墙四百九十八点二米，实即相等，故现在的外坛北墙即为永乐时的北坛墙。

《永乐图》在东西坛墙上画有东西门，西门之南为斋宫，可知现内坛西门即永乐坛的西门，东门应在今外坛东墙相对应处。东西门之间有大道相连。大道中心线北距祈年殿中心为二百四十七点七米，南距成贞门为二百四十五点八米，实即相等。

根据上述，可以在现状图上画出明永乐天地坛的总平面复原图。其坛区东西宽一千二百八十九点二米，南北长九百九十一点七米。大祀殿下高台东西宽一百六十二米，南北长一百八十七点五米，殿建在台之中心，稍偏北，殿之中心即为坛区之几何中心，殿南与成贞门间连以甬道，形成坛区的南北中轴线。

在这个按实际尺寸画出的永乐时天地坛图上可以看到它的设计规律。和紫禁城内各宫院以“后两宫”为模数相似，天地坛是以祈年殿下高台之宽为模数的，坛区东西宽为其八倍，坛区南北长为其六倍，斋宫的长、宽也基本与它相等。

综合起来说，在永乐十八年规划建天地坛时，是先按礼仪需要确定大祀殿一组的规模，同时也就确定了下面大台子的长宽。以台宽为模数，以其六倍和八倍定坛区之长、宽。

坛区内做中轴对称布置，把南门成贞门、甬道丹陛桥南北相重布置，形成中轴线。在大祀殿一组中，殿位于坛区的几何中心，以突出其最重要的地位，同时把东西门一线置于大祀殿中心至南门之间的中点，亦即自坛南墙向北四分之一个坛区之长的位置。这是一个简单庄重、模数关系明确、强调中轴线和几何中心的规划。

（二）嘉靖九年创建的圜丘

明嘉靖九年（1530年）在天地坛正南创建祭天的圜丘坛。现在圜丘是三层石砌圆坛，三层直径分别为二十三点五米、三十八点五米、五十四点五米，是清代拓展的结果，比明代大些。它外面有圆、方二重矮墙，称壝墙。圆壝直径一百零四点二米，方壝边宽一百七十六点六米，只有方壝之宽仍保持明代之旧。它最外由坛墙围成矩形坛区，北坛墙即永乐坛之南墙，东西墙为永乐墙向南延伸而成，故坛区东西宽与永乐相同，为一千二百八十九点二米，南北长为五百零四点九米。在现状图上，若以天地坛东西门间大道的中线为界，向北至北坛墙为七百四十五点九米，南至圜丘南墙为七百五十点七米，考虑施工误差，二者实即相等。这现象表明在创建圜丘区时，已对新旧两区统一做了规划，改以永乐坛的东西大道为统一坛区的南北中分线，据此定圜丘区南墙的位置。在圜丘区中，其南北之深五百零四点九米比方壝之宽一百六十七点六米的三倍只多二点一米，实即相等。由此推知，在规划圜丘坛时，因从整体考虑已确定了南墙的位置，故只能反用永乐坛的手法，以坛区南北长的三分之一定方壝之宽，从而造成圜丘南北之长以方壝之宽为模数的现象。这当是为保持传统手法而采取的不得已的办法。

（三）嘉靖二十四年改建大享殿后的天坛

圜丘建成后即拆去大祀殿在其地建祈谷坛，于嘉靖二十四年（1545年）建成。它下部是一底径九十一米的三层石台，即祈谷坛，上建直径二十四点五米圆形三重檐圆锥顶的大享殿，清乾隆十六年（1751年）改称祈年殿。四周与殿同在高台上的门、庑等基本沿永乐时旧制。

在祈年殿前有两重门，第二重门左右有横墙，自横墙至北面壝墙之距为一百六十米，这就是说，以第二重门横墙为界，其北的台面实是一个边长约一百六十米的正方形。祈年殿的中心在这方形中心的北二十四点七米处，即向北退后一个殿的直径。和紫禁城、太庙一样，祈年殿这一组也是用方格网为基准布置的。台上方一百六十米的部分恰好折合明尺方五十丈，可以排方五丈的网格纵横各十格。这样就可以看到，祈年殿本身的最外一圈台阶的直径和祈年门之宽各占两格，都是十丈，祈谷坛三层台中的中间一层直径占五格，为二十五丈，东西庑南北之长占三格，祈年门台基北缘至祈谷坛下层台南缘也占三格，都是十五丈。其他建筑布置也大都和网格有一定的关系（图62）。

这现象还表明，祈年殿下大台子虽是南北长的矩形，如自第二重祈年门算起，仍是一个正方形台，南面多出的部分是为了增加一重门，古代称“隔门”。这样，在规划坛区总面积上以台之宽为模数就可以理解了，它实际上是以台之方为模数的。

祈年殿建成后，天坛的总范围包括北部的祈年殿区和南部的圜丘区，以现在的内坛西墙、南墙和外坛东墙、北墙为坛墙，东西一千二百八十九点二米，南北一千四百九十六点六米。它的正门由南门改为西门，东西门间大道居于坛区南北中分线上，大道与祈年殿至圜丘间南北中轴线的交点即为扩大的坛区的几何中心。

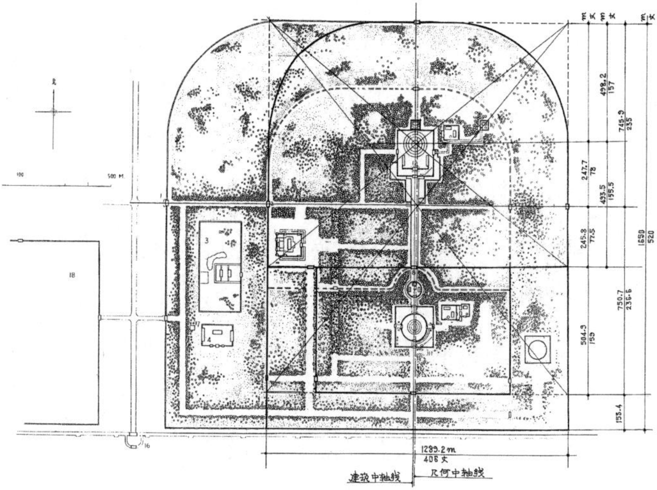

图 62　建成大享殿后的天坛总平面示意

（四）南外城建成后的天坛

明嘉靖三十二年（1553年）北京建南外城，包天坛于其中。外城正门永定门至内城正门正阳门间大道成为北京中轴线的前奏。建祈年殿后，天坛已以今内坛西门为正门，此时还需要临街再建门，与西面的先农坛夹街对峙，以壮观瞻。这时天坛的南墙距新建的外墙仅一百六十九米左右，不足以安排其他建筑。为此，在西面临街、南面靠城根处增建了外坛墙和新的西门。在西、南两面出现了两重墙后，与之相应，在东、北两面也应建墙，才能形成内外两圈坛墙。但原有坛区已很大，现坛墙北面有池沼，东面已在崇文门外大街之东，都不宜外拓。所以在这两面把原坛墙用为外墙，在其内新建一重墙，与原西、南两面坛墙相连为内坛墙，现状的内外两重坛墙相套就是这样形成的。

天坛这样重要的建筑群，即使是改建，也会有一定规律。用实测数字核算，新建的内坛东墙西距祈年殿下高台东壁为两个台宽；新建的内坛北墙距成贞门七百二十三点一米，是丹陛桥长三百六十一点三米的两倍，其用意是以丹陛桥长之两倍定内坛北墙位置，以使祈年殿一组的南外门（即高台南缘）位于内坛区的南北中分线上；在内坛东、北墙的定位上或利用原来的模数，或形成新的比例关系，都是有一定依据的。在内外坛墙建成后，天坛就由原来的严格中轴线对称布局改变成主轴线偏东，在内、外坛区都不居中的现状。

通过前面对天坛四个发展阶段规划设计特点的介绍可以

了解到，在永乐十八年始建时它是以大祀殿下高台的宽为模数，采取严格的中轴对称布置，并把主殿置于坛区几何中心的。在南面增建圜丘时，把坛区的中心南移至东西门大道一线，据此定圜丘区南北之长，再以圜丘南北长的三分之一反推出圜丘外方壝墙的尺度，整个坛区仍然是中轴对称并具有明确的中心的。只是到了南外城建成后，为了服从全城规划大局，坛区不得不向西、南两面拓展，才放弃了中轴线的布置，缩减了东、北两面，但是这个缩减仍然尽可能符合一定模数和比例关系。从这里可以看到不同时代的设计者和改建者细心体验前人规划设计特点，尽力采取同一手法的苦心和高超的规划设计水准。

四、结语

通过对上面一系列明代宫殿坛庙建筑群的介绍，我们可以看到，古代在规划设计大的建筑群时，其总体布局确有一定规律性。例如在规划大型多院落建筑群组时，以某一院落的长宽为模数，大的群组是其倍数（如“前三殿”是“后两宫”的四倍），小的群组是其分数（如六宫加五所的面积之和与“后两宫”相等），以控制各种不同大小的院落间的关系和总的轮廓尺寸；在多重院落中，以外重之宽为内重之长；在一所院落中，把主建筑置于全院几何中心。此外，利用方格网为院内布局基准，以控制尺度和体量关系等手法在当时也是较普遍采用的总平面设计手法。以上各点如果再加上大家已经熟知的单体建筑视其规模、等级选用不同的材（宋式）或斗口（清式）为模数的情况，可以确认，中国古代从城市和宫城规划到院落内布局和单体建筑设计，由大到小，有一整套用模数控制的规划设计方法，可以使城市、宫城、大小院落和单体建筑间存在着不同程度的尺度上的联系，达到统一谐调、富于整体性、连贯性的效果，形成中国古代城市和建筑群的特有风貌。至于基本模数的确定，具体院落的尺寸和长宽比主要由实际使用要求和礼制、等级制度来决定，但有时也会受其他因素的影响。“前三殿”“后两宫”的工字形大台基和太庙内重墙采取九比五的长宽比以象征天子之居就是例子。

依此类推，在各类建筑中可能还会有很多我们尚不了解的附会之处。古代以阴阳五行比附建筑最极端的例子是明堂。从现存唐总章《明堂诏书》看，当时设计的明堂几乎从间数、面阔、柱高乃至各种构件的长度、数量都比附某一数字。但如果画一草图分析，可知其面阔、柱网布置、柱高、梁长、梁数等都基本是按建筑的合理需要布置的，然后再从各种古书中找些往往是互不相干的数字拼加在一起以合其数，作为依据，故显得颇为穿凿，不值识者一笑。

在明清宫殿坛庙的规划中，也有类似现象，即以上述九比五的比例而言，“前三殿”“后两宫”虽都用大台基的长宽比，但“前三殿”需计入殿前月台，“后两宫”则不计入月台；太庙虽前、后殿也在一工字形台子上，其比例都不是九比五，而把内重墙的长宽定为九比五。这情况也表明在设计这些宫殿时，首先是按使用功能和建筑艺术要求进行设计，然后选其中可以因势利用之处加以比附，并无统一、固定的手法。

统观历朝史料和现存实例，笔者认为在古代的建筑规划、设计中，比附象征手法和阴阳五行、风水堪舆诸说并不居于支配地位，它在规划设计中有所表现不外两种可能性:一种是在风水师挟业主之势加以干预时设计师不得不做出的让步；另一种是设计师有意利用它来标榜自己的设计，用作在业主面前坚持自己设计方案的手段，其前提是不让愚妄之说损害规划设计的合理性和建筑艺术的完整性。儒家对于迷信的态度有“圣人以神道设教而天下服矣”一句话，实质是说对于实在说不通道理的人，如不能加之以威，只能用迷信来唬住他。各类建筑的业主，或是权威无上的帝王，或是威福由己的贵官，至少也是拥资建屋之人，在他们面前，设计师始终处于劣势。为求采纳自己的设计，为求保持自己设计方案的优点，避免业主的任意改动，利用以“神道设教”的手段，搬出阴阳、风水之说，给自己的设计加上一点神秘性，胁之以子孙后代的兴衰祸福，实是为自己设计辩护的最省力而有效的办法。因此，在具体研究古建筑的规划设计时，对这方面要适当加以注意，以了解各种阴阳五行、风水迷信思想对建筑的影响，但和上述规划、设计手法相比，它是次要的，是附会上去的，以不违背基本使用功能和艺术表现为前提，真正决定一个时代建筑面貌和具体建筑成败优劣的是规划和建筑设计，它们是古代规划师和设计师的成就。

中国古代在大型建筑群的规划设计上有极辉煌的成就和独特的经验，有待我们去发掘、整理、总结。本文在这方面只是一个粗浅的尝试，必有遗漏，恐也难免有穿凿。但这个初步探索表明，如能把历代大中型建筑群的总平面图做精确测量，取得资料，集中起来，综合排比，对其规划设计特点和手法进行归纳总结，必将有重大收获，补充建筑研究中的薄弱环节，使我们对古代优秀建筑传统的认识更为深入、全面。这方面成就的总结，也将为创造具有中国风格的现代建筑提供借鉴，使之不仅在单体建筑设计上，而且也能在总体规划上反映中国特色。

附记：本文初稿曾发表于1997年中国工程院版《中国科学技术前沿》。这次发表做了一些修订，删除了一些文献考证和具体推算过程，并把近年新的研究成果，如有关在院落布局中视其规模使用大小不等三种方格网的内容补入。因本文讨论的是古代建筑群的设计规律，需在图上探索，为避免重新制图产生的误差，尽量采用已发表的资料和图纸，即在其上用作图法分析，以求取信。不得已处敬希原图作者见谅，并致谢忱。

战国中山王礜墓出土的《兆域图》及其所反映出的陵园规制

河北省平山县中七汲村西战国时期中山国一号墓出土了一块金银错兆域图铜板，板长九十四厘米，宽四十八厘米，厚约一厘米。板面用金银镶错出一幅陵园的平面布置图，图中对陵园建筑的各个部分和相互距离注了尺寸，并附有一篇中山王的王命。[①]这是关于战国时期陵墓的一个极重要的发现。

据出土铜器铭文，一号墓为中山王礜的陵墓。从兆域图上所刻王命有“其一从，其一藏府”的话看，兆域图所绘就是以王礜陵墓为主体的陵园的总平面图，图中的王堂是王礜的墓，亦即一号墓回廊遗址以内所包括的建筑物。二号墓包括

① 河北省文物管理处：《河北省平山县战国时期中山国墓葬发掘简报》，《文物》，1979年第1期。

其上回廊遗址就是哀后墓。兆域图上画有三座大墓和两座小墓，而在基地上只有一号和二号两座大墓。这是因为王嚳约葬于公元前310年，哀后是他的前妻，葬时更在其前。兆域图上其余三座墓的墓主在王嚳死时还健在。以后十余年间，赵灭中山国，迁其王于肤施，王族及前王遗属可能都从行，他们死后就不能再葬入这个陵园。所以这幅兆域图实际上是一个没有能完全实现的陵园总平面规划图。

由于兆域图上所画王墓和哀后墓已经发掘，我们可以用兆域图和遗址互相参照，对铜板兆域图的内容、王陵王堂建筑和整个陵园的建筑规划进行探讨。

（一）兆域图

兆域图中的各主要部分都注了尺寸，不过所注尺寸兼用尺和步两种单位，还需要换算成统一的单位才能按比例制图。恰好兆域图中对于内宫的宽度在王堂和夫人堂两处都注了尺寸。这两处宽度相等，而所注尺和步的数目不同，我们可以直接根据它推出兆域图上的一步合多少尺。

在铜板上于中心王堂部分内宫的前后墙之间所注尺寸为：

6步+50尺+50尺+200尺+50尺+50尺+6步=12步+400尺。

在夫人堂部分内宫前后墙之间所注尺寸为：

6步+40尺+40尺+150尺+40尺+40尺+24步=30步+310尺。

两者宽度相等，即30步+310尺=12步+400尺，亦即18步=90尺，所以1步=5尺。

这是把图中所注坡五十尺或四十尺理解为指坟丘坡面的水平投影长度而推算出的结果，与古籍所载一步合六尺或六尺六寸不合。[①] 有没有可能坡的长度不是指水平投影而是指斜长，当坡到一定角度时可以得到一步是六尺或六尺六寸的结果呢？下面可以做一个简单的验算：

设坟丘坡角为∠A、坡长指斜长，则其水平投影长度分别为50尺$\cos A$及40尺$\cos A$。代入上面等式：

25步+6步+50尺$\cos A$+50尺+200尺+50尺+50尺$\cos A$+6步

=25步+6步+40尺$\cos A$+40尺+150尺+40尺+40尺$\cos A$+24步。即20尺$\cos A$=18步−70尺。

坟丘的坡角只能是锐角，即在0° 至90° 之间。

已知$\cos 0°=1$，$\cos 90°=0$，则$\cos A$应在1至0之间，角度愈大，数值愈小。

---

① 《礼记·王制》曰："古者以周尺八尺为步，今以周尺六尺四寸为步。"《汉书·食货志上》称："六尺为步。"［清］邹伯奇《学计一得》卷上《古尺步考》据《考工记》耒、兵车轮及戈柲之制，推定六尺六寸为步。

当∠A=0° 时，斜边变成水平，前已验算1步=5尺。

当∠A=90° 时，cos$A$=0，代入上式得18步−70尺=0，即1步=70尺／18=3.89尺。

由此可知，当∠A为锐角时，一步的长度在五尺至三尺八寸九分之间变化，最大为五尺，并随角度增加而减少，不可能得到一步为六尺或六尺六寸的结果。

这就是兆域图上所表示出的步和尺的折算关系，据此可以把兆域图上记墙间距离的步折算成尺，再按比例画出陵园的平面图（图63）。因为兆域图上两道宫垣的墙厚未

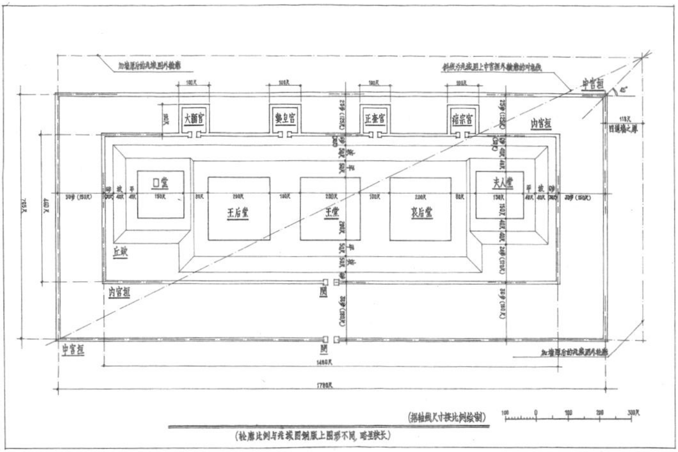

图63　兆域图示意

标出，姑且先把它看作指墙中到墙中的距离。这样就可推出内宫垣尺寸为1480（尺）×460（尺），中宫垣尺寸为1780（尺）×765（尺）。把所绘陵园平面图和兆域图的轮廓尺寸相比较，二者的轮廓比例不同，不是相似形。兆域图上中宫垣轮廓尺寸为85.8（厘米）×40.2（厘米），所绘陵园平面图的外轮廓比例比它要横长一些。

这就出现了一个问题，即究竟是铜板上的图形不准确呢？还是所绘陵园平面图中把墙间距离视为中距，没有计算墙厚，因而不正确呢？这还可以通过制图来加以验算。

如果在所绘陵园平面图的图形上加上墙厚，尽管中宫垣的厚度可能和内宫垣不同，但同一圈宫垣的南北墙和东西墙的厚度总是相同的，当加上墙厚时，其正侧面所加厚度相等。这就是说，如果通过所绘陵园平面图图形的一个角（例如右上角）画一条四十五度线，则加了墙厚度以后的图形，其右上角应在这条线上。

如果铜板上图形的轮廓比例准确，则所绘陵园平面图上图形再加上墙厚以后，其长度比应与之相同。这样，我们可以在所绘陵园平面图图形的左下角做一条斜线，使它的斜度与铜板上图形的对角线平行，则所绘陵园平面图加了墙厚以后的图形其右上角应在这条线上。

四十五度线和对角线的斜度不同，必然相交于一点。只有这个交点能同时满足正侧面墙厚相等和与铜板上图形为相似形两个条件，而这点与所绘陵园平面图图形右侧和上侧边线间的垂直距离应即是需要加上去的四道墙的总厚度。我们只需要核对一下，看这厚度是否在合理的墙厚范围之内。如果合理，则说明铜板上图形外轮廓的比例有可能是准确的，反之，则是不准确的。

按上述步骤在所绘陵园平面图上制图的结果，求得四道墙总厚为一百一十八尺，每道墙厚为二十九尺五寸。如果考虑到铜板的变形和制作的精确度，可以认为是三十尺，即六步。这个厚度作为一般墙是厚了，但作为城墙则是可以的。平山县三汲公社东面的中山国灵寿城，其城墙厚达二十七米。此墙厚三十尺，在六米五至七米五米，只为灵寿城城墙厚的四分之一。这是陵园和都城在性质、规模和防御要求上都不同的缘故。

那么为什么兆域图上只注堂及丘的尺寸而不注墙厚呢？这可能是因为堂及丘都是需要具体设计的，故要加以注明；而墙则是援引了规格化的做法，只要写明是哪种墙，当时的工匠都知道做法，无需加以说明。这情形在古代技术书上并不是孤例。在《营造法式》中就有一些在当时属于尽人皆知的事情没有列入条文，到今天反而成为研究中的难题，需要从很多条文和实例中把它反推出来。

这就是说，铜板上图形的轮廓有可能是准确的。根据铜板上注明的尺寸，加上四道推算出来的墙厚，按比例制图，它的外轮廓长度比和铜板上图形是一致的（图64）。至于铜板上内宫垣和坟丘的图形，用画对角线的方法与按尺寸所画图形比较，它们都不是相似形，说明这一部分不是严格按比例绘制的。

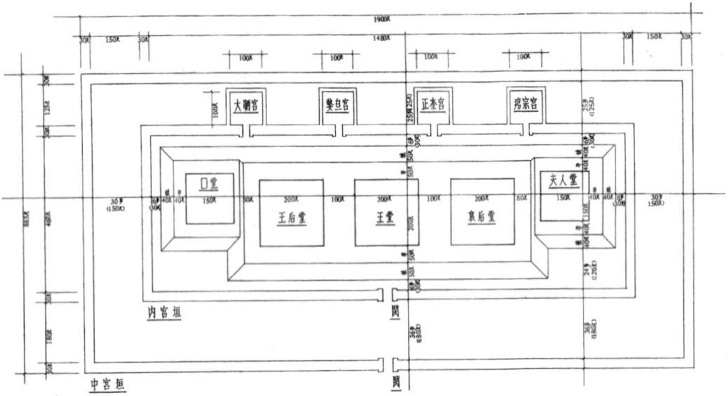

图 64　兆域图（加墙厚）示意

（二）王堂

兆域图上各墓都标作堂，其中王兽墓已发掘，即一号墓封土上的回廊以内部分。这就有可能根据遗址去探讨一号墓上建筑的形制。

据发掘简报称，一号墓封土高出周围平地十五米，平面呈方形，由下而上为三层台阶。第一层台阶内侧有散水，卵石筑成，宽一点一米；第二层台阶上有回廊建筑遗址；回廊后壁即中心封土的台壁，台为方形，每面宽四十四米，上有壁柱即回廊的后壁柱，壁柱距南廊为三点三四米，东西廊为三点六米；回廊外檐有檐柱，和后壁的壁柱前后相对，距离三米，亦即廊子进深三米。由此推知，回廊各面的通面阔为四十四米，加上两个廊深，即五十米。回廊檐柱中线距台基边宽一点三米，即回廊以台基边计宽五十二点六米。这样就可以知道回廊的三个尺寸：回廊后壁方四十四米，檐柱中线方五十米，台基边缘方五十二点六米。台基和散水上都有瓦砾堆积，西廊呈鱼鳞叠压状，证明它是瓦顶。

回廊的地面标高也可以从简报中推算出来。简报中称封土高出周围平地十五米，墓室上口距封土顶九米，回廊地面又高出墓室上口零点四四米，回廊外散水低于回廊地面一点三米。如以封土周围地面标高为零，则可据上列数字推知散水标高为正五点一四米，回廊地面标高为正六点四四米，封土顶标高为正十五米，从回廊地面上距封土顶高差八点五六米。兆域图上注明王墓坟丘中心有王堂，而遗址于回廊之内又有这么高的封土，可证整个王堂包括回廊在内是一座以夯土台为基的台榭建筑，回廊以内高八点五六米的夯土不是墓的封土而是台榭建筑的夯土台。

春秋、战国正是台榭建筑盛行的时代。它产生和盛行的原因是多方面的。仅就建筑技术来说，那时木构架技术还不那么发达，未成熟到能建造像唐、宋以后那种巨大体量的木框架殿阁的水平。即使偶然能建造个别的木框架独立建筑，在技术上也还有困难，还不那么牢靠。绝大部分建筑的木构架需要依傍土墙或夯土墩台，靠它来帮助保持构架的稳定，或者就是土木混合结构。在这种条件下，为了满足统治阶级生活享受和以巨大的建筑来衬托其权势以及据险自保的需要，只能采取积小成大的办法，先夯筑出高大的阶梯形夯土台，在台上逐层建屋，层层抬高，借助于夯土台，以若干层小建筑“堆”出一座外观呈多层楼阁的巨大建筑体量。在先秦史料中有大量建台的记载。目前也已勘察和发掘过少量的台榭遗址，如山西侯马市牛村古城、燕下都和秦咸阳宫。它的建筑形象和构造在战国铜器上也有所表现，如河南辉县赵固镇、山西长治分水岭和江苏六合出土铜器残片上线刻所示。①

一号墓王堂建筑的建造年代和秦咸阳宫一号宫殿址近似。咸阳宫一号宫殿址是台榭建筑。它的一些构造和做法可供研究王堂建筑参考。②

从墓上建堂的葬制来说，它又和辉县固围村战国三大墓相似。辉县赵固镇出土战国铜鉴内刻画的建筑形象，对了解王堂的外形和木结构部分有重要参考价值。仔细分析鉴上的建筑图，它所刻实际上是一座台榭，夯土台在中心，高只一层，四周绕以回廊，台顶中部有都柱，柱下有柱础，都柱两侧各有一辅柱（建筑估计是正方形，那么辅柱实际上可能是四根。与中间的都柱在一起，一柱四辅呈梅花形）。整座台榭以夯土台及都柱、辅柱为骨干，上建两层楼房，如算上夯土台四周的底层回廊，外观看上去为三层。顶层上的建筑应是堂，中间四柱较

---

① 山西省文物管理委员会:《山西长治市分水岭古墓的清理》，《考古学报》，1957年第1期。吴山菁：《江苏六合县和仁东周墓》，《考古》，1977年第5期。中国科学院考古研究所：《辉县发掘报告》，第三编“赵固区”，科学出版社，1956年版。马承源：《漫谈战国青铜器上的画像》，《文物》，1961年第10期。

② 秦都咸阳考古工作站：《秦都咸阳第一号宫殿建筑遗址简报》，《文物》，1976年第11期。

高，是堂的内柱，两侧各二柱，较矮，是堂外环绕的回廊。堂下为木构楼层，画有梁的断面，廊外挑出平台，绕以栏杆。中层四周也有回廊，上出腰檐，下出平台及栏杆。底层在夯土台四壁上有壁柱，外绕回廊。回廊无腰檐，檐柱上承二层回廊的楼板、平台和栏杆（图65）。主要依据这些参考材料，就可以

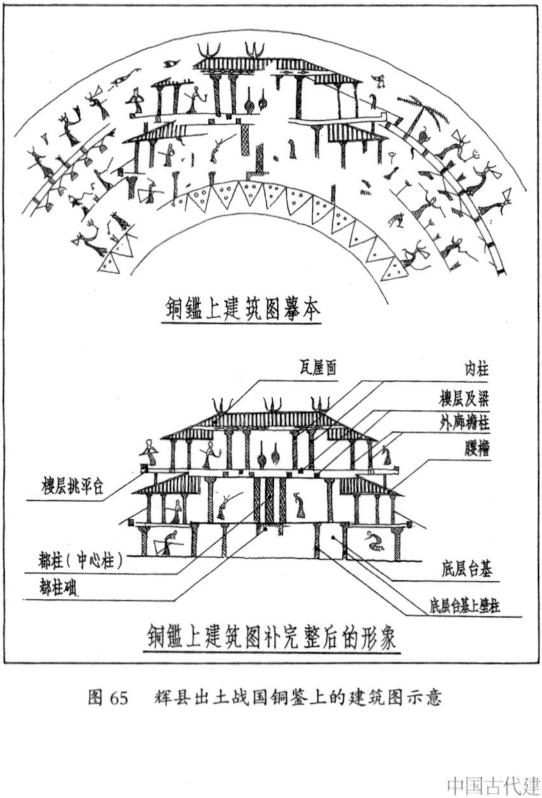

图 65　辉县出土战国铜鉴上的建筑图示意

大略地推测王堂建筑的结构和构造情况了。

一号墓王堂只保存整座台榭中最下一层建筑遗址，即简报中说的回廊。综合前述情况，可以推知回廊建在高出散水地面一点三米的夯土台上，每面长五十米，南廊每间面阔三点三四米，东西廊每间面阔三点六米，廊深每间面阔均为三米，背依上层台壁，上建单面坡瓦屋顶。回廊遗址中还有一个值得注意的现象，即前檐柱和后壁壁柱前后相对应。这和秦咸阳宫一号宫殿址下层廊庑檐柱与后壁壁柱不相对的情况不同。这种不同可能反映出结构方法的差别：咸阳宫的情况可能表示它的构架方法是在檐柱柱列上架檩，檩上再架梁，类似明、清的扒梁。这梁可以架在柱间，而不一定都在柱头上。在这王堂回廊上，则可能是先在前后柱间架梁，梁上承檩。从木构架发展顺序上看，这是一个进步。

以上是根据遗址能确切了解的回廊的情况。

关于回廊以上上层台面的建筑情况，由于遗址表面被破坏，呈斜坡状，台面及建筑遗迹不存，无法具体复原，只能据参考资料，大致地推测它都有哪些可能性，现分别论述如下。

前已推知回廊地平至夯土堆顶高差八点五六米，如考虑到两千多年的破坏，原台面可能还会稍高些。这部分台子的形式估计有两种可能性：

（1）台壁壁面微斜收，直抵台顶，上建堂，整座台榭仅回廊和堂两层（图66-①）。

（2）台壁中部退入一段，再出一层平台，整座台榭为三层。下两层为回廊，台顶为堂，见图（66-②、③）。

从发掘前的封土外貌看，它是斜坡形而不是较陡的方台（图67）。再以秦咸阳宫一号址来参证，咸阳宫一号址的六室后壁上有屋梁痕，可据以推知梁的下皮距六室地面两米九，即使加上梁高和楼层厚度，上下层地面高差也就在三点五米至四米之间，所以在一层回廊地面与台顶之间的八点五六米高度之间是可以容纳得下第二层平台和回廊的。根据三层台榭的设想制图，由于下层回廊址已表明是单面坡瓦顶，故二层回廊限于高度极可能是像咸阳宫一号址六室那样，为平屋顶外加腰檐的做法。

兆域图上所画王堂和一号墓回廊址均为方形，所以台顶和顶上所建的堂建筑也应是正方形的。其堂的大小和形制推测有几种可能性：

（1）堂的大小。台顶上堂的大小首先和台高有关。在夯土台顶建屋需要考虑夯土台的压力扩散角，不能距台边太近。一般说来，从土台下脚向内上方画四十五度线，交台面于一点，台顶上所建较大建筑物应建在这点以内，以避免台边受

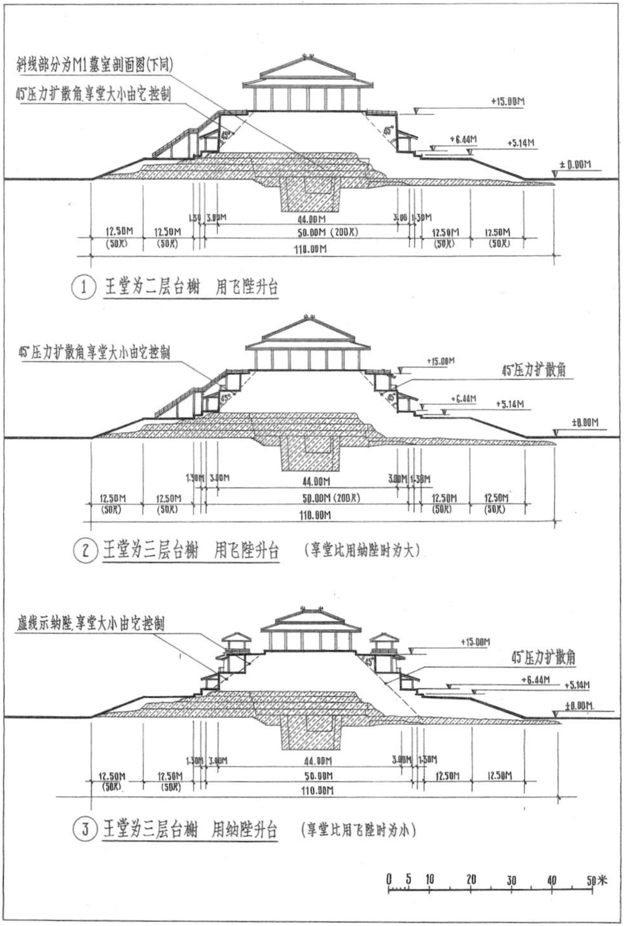

图66 台榭层数和台顶享堂形制推测示意

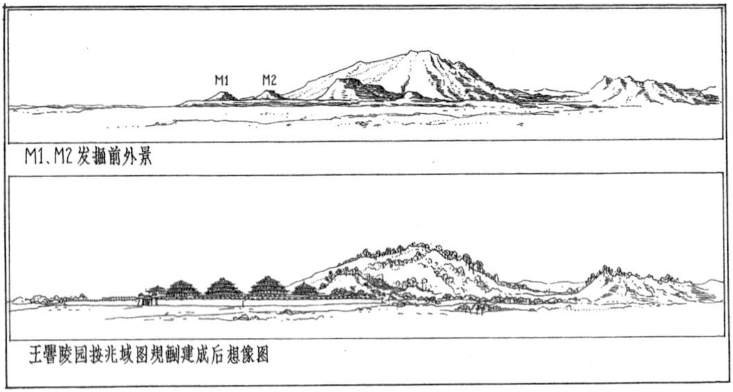

图 67　墓地现状及原状推测示意

压崩塌。换言之，即台顶建筑物的檐柱与台子下脚的水平距离应大体等于台高才安全。就这台子来说，台顶建筑的最大尺寸为台的底宽四十四米减去台高八点五六米的两倍，即在二十七米左右。当然，也不是绝对不能再加大，但那就要对台边采取加固措施，或把建筑的檐柱较深地埋入台中，使它落在四十五度线以内。从一号墓形制推测图中还可以看出，即使是三层台榭，当其第二层台台脚在四十五度线上时，台顶建筑还可以和二层台榭一样大。

台顶的堂的大小也和登上台顶的方式有关。从上述几件战国铜器上的建筑形象看，踏步都是直的，未见有转折盘旋的迹象。我国古代建筑都是下面有一层台基，基上即房屋的地

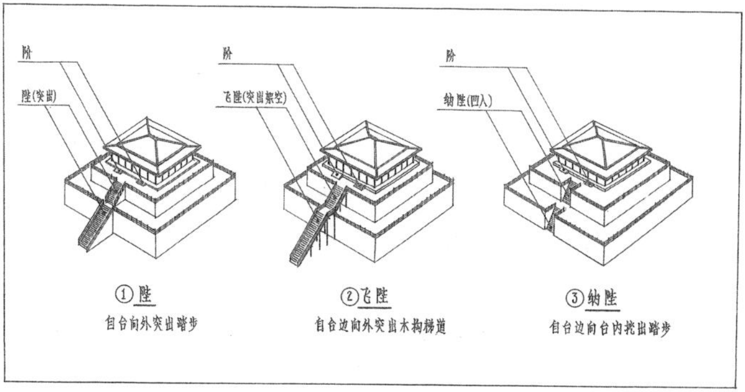

图 68　陛的几种不同形式

面，在上立柱建屋。登上这台基的踏步叫“阶”。重要的殿堂往往建在较高大的台子上。台子或一层，或数层，殿堂本身的台基是建在这台顶上面的。登上这下层高台的踏步叫“陛”。就一号墓遗址而言，登上王堂台顶的踏步称“陛”。《晏子春秋》曰：“齐景公登路寝之台，不能终，而息乎陛。”蔡邕《独断》曰：“陛，阶也，所由升堂也。天子必有近臣，执兵陈于陛侧，以戒不虞。”《说文》云：“陛，升高阶也。”从文献和实例看，陛至少有两种形式：

一种形式是自台顶边缘向外伸出的，是最习见的做法（图 68）。它可以是土筑的坡道，也可以是木构架空的梯道。巨大的木构梯道又叫“飞陛”。王文考《鲁灵光殿赋》曰：“飞陛揭孽，缘云上征。”何晏《景福殿赋》曰：“浮阶乘虚。”注曰：“浮阶，飞陛也。”左思《魏都赋》曰：“飞陛方辇而径西。”《义训》曰：“阁道谓之飞陛。”可以为证。从“缘云上征”和“乘虚”的描写，可知它能升到很高的台上去的。

另一种形式是自台下脚向台身内挖出踏步，在台面以内登上，叫“纳陛”。《汉书·王莽传》记王莽加九锡后，其府第和“祖祢庙及寝皆为朱户、纳陛”。注云：“如淳曰：‘刻殿基以为陛，有两旁，上下安也。’孟康曰：‘纳，内也。谓凿殿基际为陛，不使露也。’师古曰：‘孟说是也。尊者不欲露而升陛，故内之于溜下也。’”由这些引文可知“纳陛”和一般“陛”或“飞陛”相反，踏步不是自台顶边缘向外伸出，而是自台脚向台内斜挖巷道，上做踏步。它的两侧为台壁所夹，不像伸出的“飞陛”那样左右凌空只有扶栏，故云“有两旁，上下安”。它顶上可以有廊庑，不像“陛”或“飞陛”那样露天，故云“内之于溜下”。

就一号墓王堂遗址来说，登台的道路是“纳陛”还是“飞陛”（不可能是土筑坡道，因遗址无此现象）和台顶的堂大小颇有关系。如为“飞陛”，则其堂可建至最大尺寸27（米）×27（米），即受四十五度压力扩散角控制；如为“纳陛”，则其坡度总要比四十五度平缓，其堂大小受“纳陛”坡度控制。制图的结果，即使“纳陛”近于四十度角，其堂进深、面阔也不可能超过二十米。其面积比用“飞陛”时要小一倍左右。

由于遗址上部情况不明，目前还无法确定它究竟是怎样登上去的。《汉书·王莽传》的记载表明，在汉时“纳陛”的做法、规格要比“飞陛”高。如果战国时也是这样，则其堂为“纳陛”的可能性要大一些。

（2）堂的间数。从现已发现的汉以前建筑多为双数间的情况看，其堂有可能为面阔、进深各六间。如从中山国六号墓墓室以六根壁柱分为面阔、进深各五间来看，其堂也有可能为面阔、进深各五间。它的间数也和堂的大小有关。如为“飞陛”，面阔二十七米，则可能为六间面阔。如为“纳陛”，面阔仅二十米，则可能为五间面阔。

（3）堂的构造。根据现在所了解的战国建筑构造的特点，估计它有几种可能性：一种可能性是像秦咸阳宫一号址一室那样，四周为承重厚墙，中间用都柱（即中心柱）的做法；另一种也可能像辉县赵固镇出土铜鉴上刻台榭顶层的做法，堂内用几排较高柱子，四周加回廊。它的屋顶形式极可能是中间有极短正脊的四阿顶，但也不能排除像上海博物馆藏战国铜杯上建筑图所示那样，屋顶中部为平顶，四周加斜坡瓦顶，像元、明时代盝顶形状的可能性（图69）。

王堂建筑的构造和细部做法还可以从一号墓出土物中得到启示。

遗址中出土大量瓦件，其中板瓦长九十二厘米，宽五十五厘米，凹处矢高约十五点五厘米；带瓦钉和圆头瓦当的筒瓦长九十厘米，宽（即直径）二十三厘米。用这种瓦铺屋面，苫背泥厚要超过瓦钉长度，加上两板瓦相并处厚十五点五厘米的泥条和筒瓦下的泥条，屋面重量相当大。由此可以推知，建筑的梁、檩、柱断面会较粗大，也必须是榫卯结合的。从中山国诸墓出土的帐构和其他青铜构件上可以看到这时接头已使用螳螂

图 69　战国铜杯上的建筑图像示意

头、银锭榫和插接键，所以木构架上用榫卯在技术上是不成问题的（图70）。

在一号墓出土的四龙四凤方案上有斗栱的形象。它以四龙四凤盘纠成座，四角四十五度斜出龙头，龙头上立圆形蜀柱，柱上有栌斗，斗上承四十五度抹角栱。在栱的两端又各立圆形蜀柱，柱上放散斗，斗上承枋。四面四枋构成方框，中间嵌板做案面（图71-①）。这案的上半部实际上是一座方形四面出檐的建筑物的挑檐构造：四角斜伸出的龙头相当于自角柱

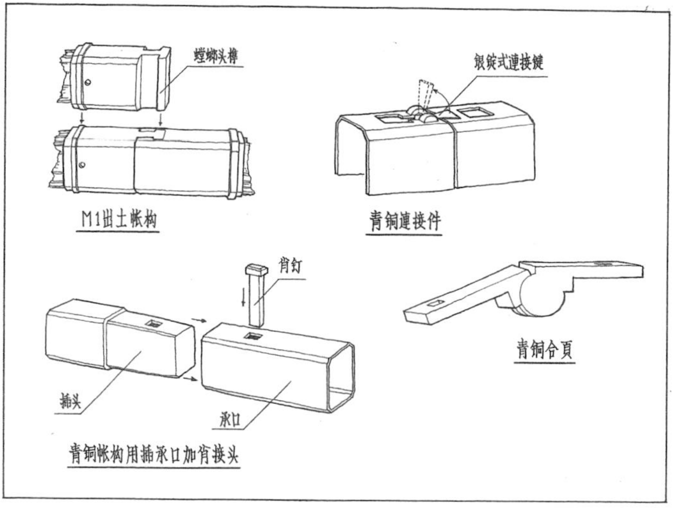

图 70　中山国墓出土青铜构件的榫卯形式示意

柱身四十五度斜挑出的插栱，栱上立蜀柱承栌斗、抹角栱、散斗和檐方。这种斗栱做法在东汉明器中常常见到，如北京顺义临河村东汉墓出土彩绘陶楼的第四层屋檐和河南灵宝出土东汉陶楼的望楼屋檐下就都是这样的（图71-②、③）。尤其是灵宝陶楼，其四十五度插栱也作龙头形，其上也有蜀柱，更与这案上斗栱的形式全同。此外，一些东汉画像石上常把四阿或攒尖方亭画成一角柱承一斗二升斗栱，也是这种做法的正投影图，只是栌斗抹角栱直接放在角柱上没有用插栱而已（图71-④）。过去一般认为这是东汉时流行的做法。这件四龙四凤方案的出土，把这种做法的年代提早了四百多年。从案上斗栱的栱身曲线、栱头抹斜与枋平行和斗下有欹并垫皿板的情况看，这时对斗栱已有一套成熟的做法和艺术加工，说明斗栱出现时间要早于此相当久。这就使我们对战国时建筑构架和斗栱的发展有一个和过去不同的新认识。根据这件龙凤方案，我们完全有理由认为王堂建筑的挑檐构造基本上应是这样。这种斗栱做法的最大特点是从柱身挑出，承托挑檐檩。它和后代的斗栱不一样，不用在柱头上，也和柱头上的额、檩、梁等构件不相连属。

综合上面对王堂建筑的大小和形制的种种推测，大体上可以画出三种不同形式的王堂的想象图。其一是王堂为二层台

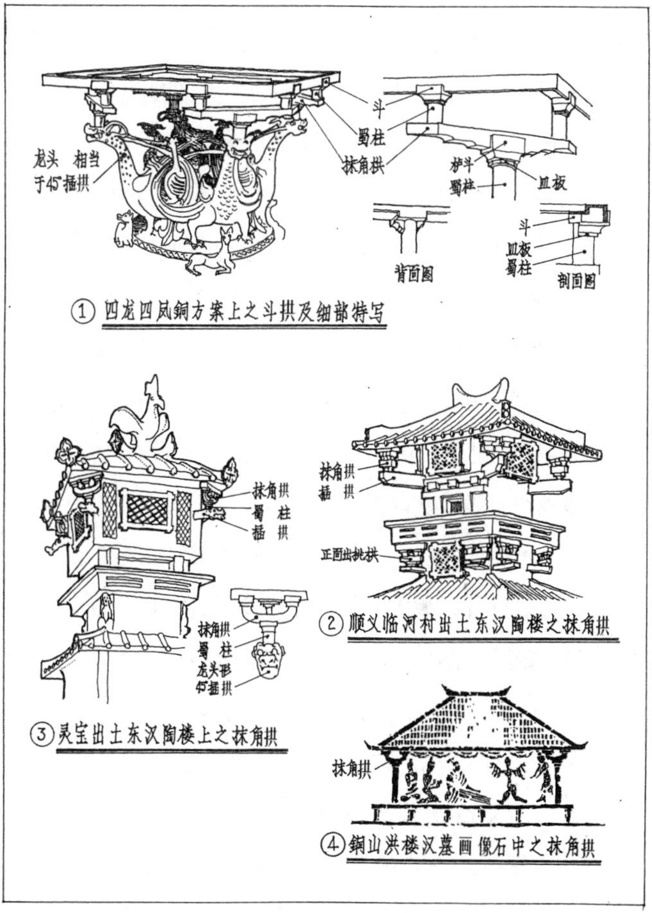

图 71　战国至汉斗拱形象示意

榭，台顶的堂面阔六间。呈四阿顶的形象（图72）。其二是王堂为三层台榭，用飞陛登台的形象（图73）。此时台顶上堂的大小和形制与二层台榭时基本相同。其三是王堂为三层台榭，用纳陛登台的形象。此时台顶的堂小于前两者，面阔五间。在三种想象图中，以用纳陛者较为复杂，在探讨过程中曾绘制剖面想象图以检验它在技术上的可能性（图74）。另外，当王堂为三层台榭时，其二层回廊除可能是一圈直廊外，也不能完全排除它会像西汉明堂和王莽九庙那样，在回廊四角加角墩。因为角墩从构造上说，一是加固上层台的四角，二是从两端抵住本层各面的廊子，使廊子的左、右、后三面都嵌入夯土墩中，以保持廊子木构架的稳定。这是木构架还不成熟，靠构架本身保持房屋稳定还不够时的必要做法。既然西汉时还是这样，战国时就更有可能了。如有角墩，则台顶四角上也可能随之凸出一些，墩顶上还可能有小亭子，起望楼那样的防卫作用。这时台顶建筑就可能是中间一座高大的方堂，四角四个小亭子（图75）。

由于一号墓夯土顶部建筑遗迹不存，上面关于台榭层数、堂的形制构造部分都是据参考材料推测的，图也是想象和示意性质的，只是从现在所能看到的很少的台榭建筑的形象和构造资料推测它在技术上的几种可能性，还不能确指为哪一种。限于战国建筑史料的缺乏和笔者的水平，这种推测不可能全面，也难免有错误。它的真实面貌还有待于对其他的中山国王陵的发掘才能逐步了解清楚。但仅仅从这种大致的推测中也可以看到，这座王堂不论在体量宏大上，还是在构造复杂上，都大大超出了我们过去对战国建筑水平的估计。

关于王堂和它下面的坟丘的关系。就简报所发表的一号墓南北剖面图分析，王堂南面散水以南至封土南端长约二十五至二十六米，略呈一平一坡，如沿现状平坡结合处画为一平一坡，则坡面水平长度为十二点五米，合五十尺，但平的部分则略长，与铜板上规定略有不同。颇疑在王堂之下、散水之外另有一层台基，以使王堂略高于两后堂，以示区别。如果是这样，则这略长的部分（约四米）应即这层台的宽度，而其下平的部分仍为十二点五米，也是五十尺。由此可知，回廊以外的封土，在简报中称为第一台阶的，就是兆域图中的“丘”，第二、第三层台阶则是王堂台榭的夯土台。

（三）陵园按计划建成后的全貌

从中山国王陵区发掘前的外景照片中可以看出，两墓上夯土台基的形状和大小都很近似。承发掘工作负责人刘来成先生见告，二号墓回廊面积与一号墓相同，但其回廊地面标高稍

王堂二层，用飞陛

图 72　中山王陵想象复原图示意一

王堂三

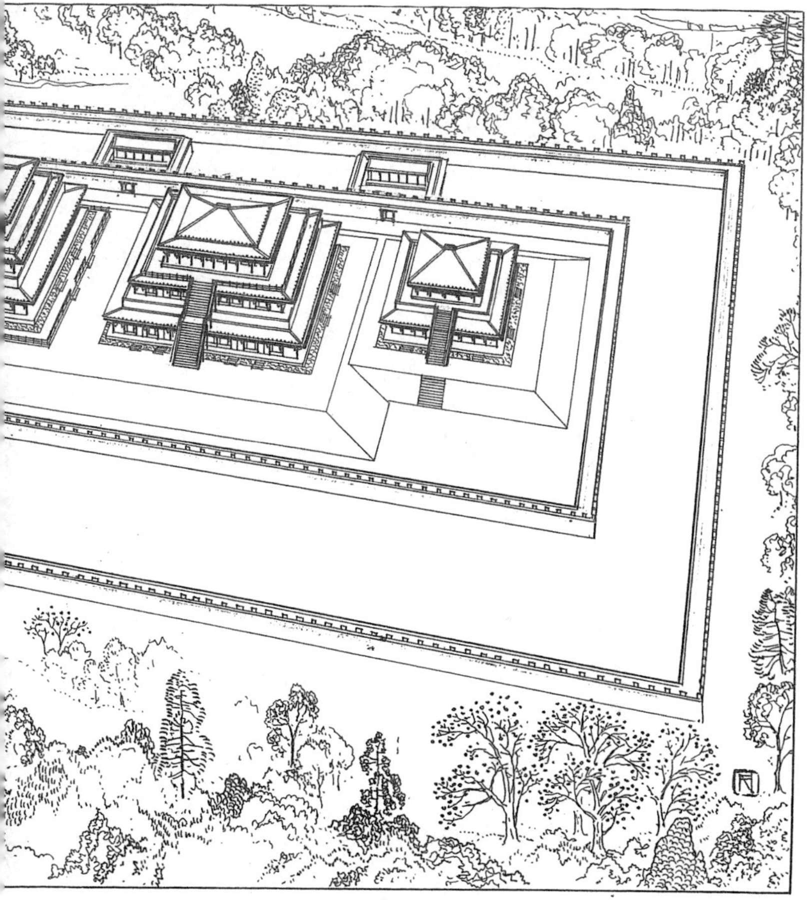

登上王堂面積較大

图 73　中山工陵想象复原图示意二

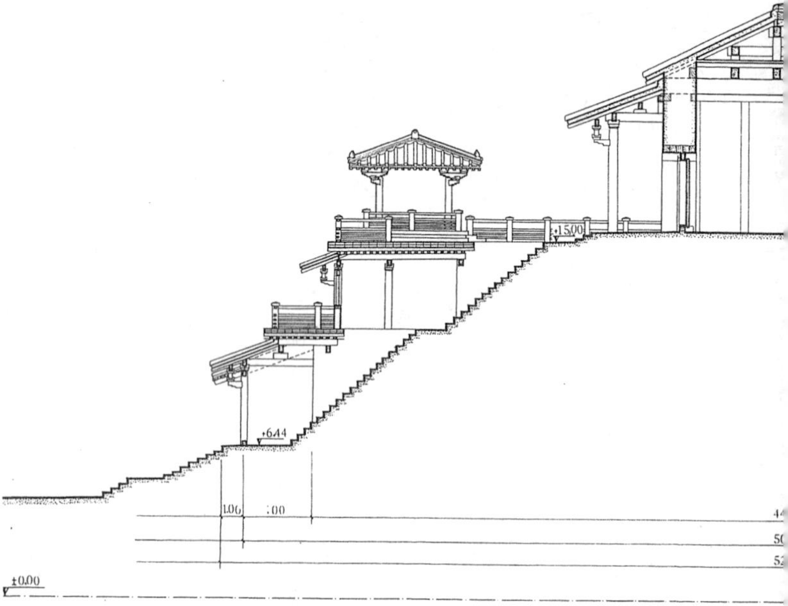
+15.00
+6.44
1.00
±0.00

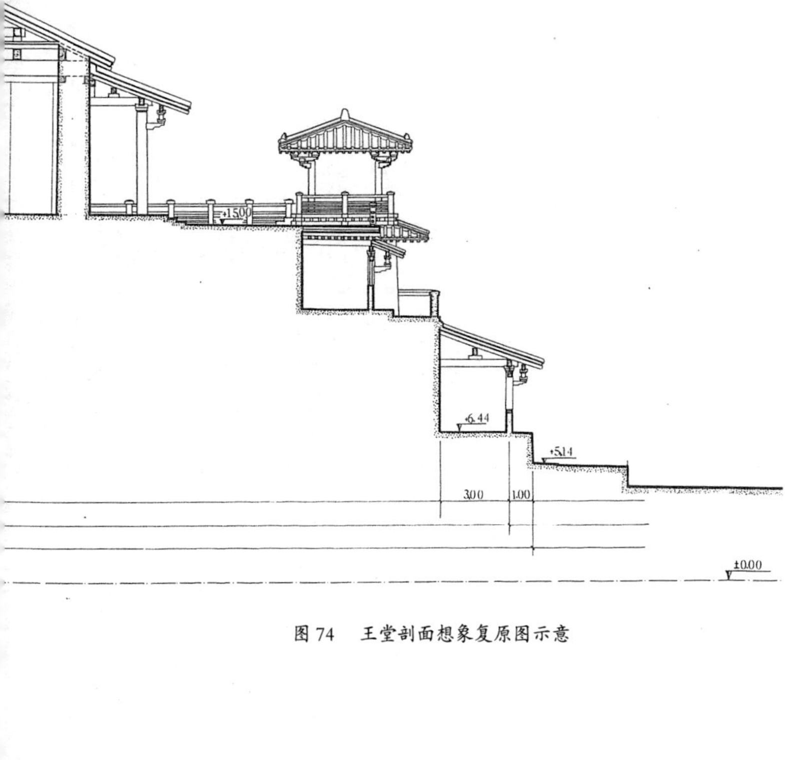

图 74　王堂剖面想象复原图示意

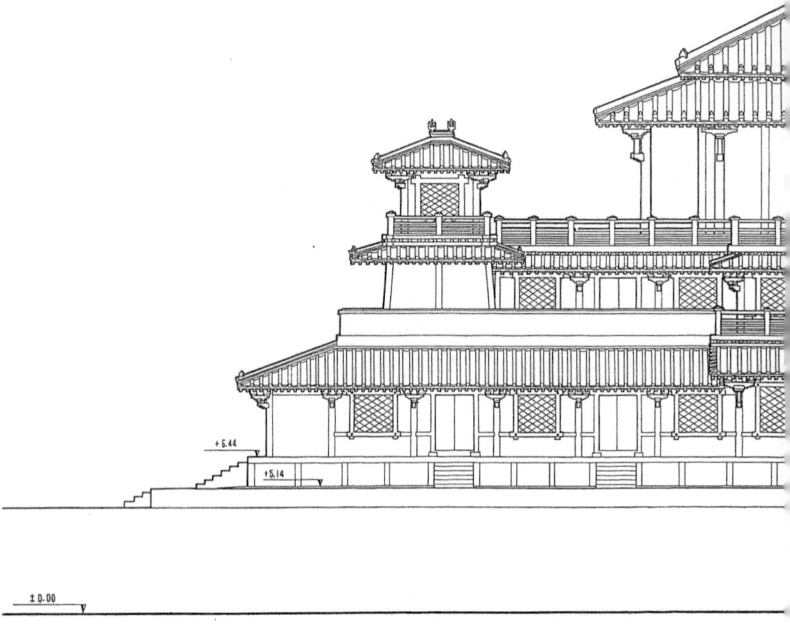

+6.44
+5.14
±0.00

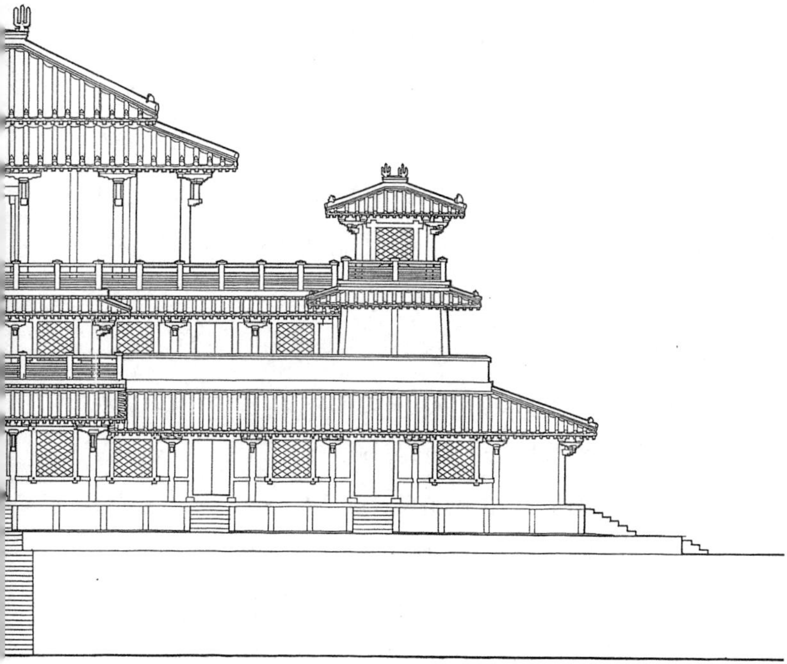

图 75　王堂立面想象复原图示意

低，相当于一号墓散水标高，出土瓦多为一般战国小瓦，素面半圆瓦当。据此可知，二号墓回廊地面标高为正五点一四米，用小瓦，与一号墓相同。

二号墓是兆域图中的哀后墓。图中所画王后堂注明规格与它全同。可知原设计是以王譽与二后墓为主，三座堂东西并列，王堂居中，又比二后堂高一点三米。兆域图上两侧还画有夫人堂及□堂，各方一百五十尺。它的建筑要比王堂及后堂低小。如果王堂、后堂是二三层台榭，则夫人堂应至少比它低一层。

据兆域图所绘，这五墓建成后，各堂下的坟丘将是连为一体呈凸字形的。其边缘位置都有明确规定，仅高度未提及。现遗址一号墓的散水和二号墓回廊地面同高，为正五点一四米。因为二号墓回廊地面应稍高出坟丘上平台，所以这建成后连为一体的坟丘丘顶标高将低于正五点一四米。这样，在王堂散水之外，也还会出现一层矮台基。坟丘的边缘据兆域图所载应为斜坡，王堂四周坡宽五十尺，夫人堂处坡宽四十尺。如果斜坡坡角一致，则夫人堂处坟丘高度将低于王堂，为其高的五分之四。这样，整个坟丘可能分为两个高度，中央三堂部分高，两侧各一小堂稍低。

兆域图上在坟丘之外画有两道围墙，墙厚未标出，据前文推算可能厚三十尺。内圈墙叫内宫垣，外围尺寸为1540（尺）×520（尺）。外圈墙叫中宫垣，外围尺寸为1900（尺）×885（尺）。从墙厚三十尺看，它应是城墙，上有垛口。两圈墙都只在南面正中开门，门画作豁口，两旁突出墙垛。因为只是设计图上的标志，未曾建造，无遗址可以验证，故可以把它看成阙，也可以看成是城门。从墙厚三十尺看，是城门的可能性更大些。

兆域图上在内宫垣的北墙上画四座门，门内各画一个方框。兆域图上的表示方法是房屋只画方框，不画门，只有围墙上才画出门，所以这四座方框是表示四座方一百尺的庭院。四院内分别标明为“口宗宫”“正奎宫”“执口宫”“大口宫”。它只是在图上标出位置，院内建筑物未画出。这四座宫的用途还不清楚，既然墓上有堂，估计有可能与储藏死者遗物有关。

这就可以大致推测出这座陵园如果按原设计方案建成后的全貌。它的总平面为横长方形，有两重城墙，墙南面正中开门；墙内为凸字形坟丘，四边呈斜坡状；丘顶中部横列三座方二百尺的巨大的台榭为一组，三者体量相等，中央一座台基稍高，用瓦及装饰较考究，是中山王嚳的堂，两旁为其后的堂，三堂可能都是三层台榭；两后堂外侧稍后是夫人堂及口堂，建在凸形坟丘的两翼上，方一百五十尺，小于王及后堂一倍，可能是二层台榭；坟丘及北内层围墙上开四座门，门内为方一百尺的庭院，院内建有房屋。整组建筑轮廓方正，有明确的中轴线，王堂居中，其余左右对称布置，建筑的高度和体量递减，达到了中心突出，主次分明，可以看出这时从单体建筑设计到群体布局都已达到较高的水平。

这种上建有堂的墓葬在商代就出现了。1953年在安阳大司空村曾发掘过三座建筑遗址，一座东向，下压三个墓，另两座下各压一个墓[①]，应即是墓上的堂。1976年在安阳小屯发掘的五号墓（妇好墓），墓上也有堂遗址，东向，东西进深二间，其南端已毁，估计南北面阔三间或三间以上，阶下四周有夯土柱基，表示有一圈廊庑。[②]据发掘报告，妇好墓属武丁时期，约当公元前13世纪后期至公元前12世纪前期，可知至迟在此时已出现有建堂的墓葬了。这四墓的堂的特点都是在墓穴填至地平后即压墓口夯筑房基，基上立柱建屋，没有高出地面的封土。中山墓墓穴平面中字形，上建有堂，应是商代这种葬制

① 马得志、周永珍、张云鹏：《1953年安阳大司空村发掘报告》，《考古学报》第九册，1955年。

② 中国科学院考古研究所安阳工作队：《安阳殷墟五号墓的发掘》，《考古学报》，1977年第2期。

的延续和发展。在已发掘的战国墓中，除中山王𰯼墓外，1950年发掘的辉县固围村三大墓上也建有堂。据发掘报告称，墓地广袤约六百米，中心隆起为平台式高地，四边断崖，高出两米余，或有版筑留存，好像是一座城基，所以有共城的传说。墓地中心东西三墓并列，上建有堂，中间一墓最大，堂基方二十六米，分为七间，两侧二墓的堂基方十六米左右，分为五间。[①]这三座堂中间无夯土心，是单层建筑而不是台榭。根据报告所附平面图，我们也可以画出其平面想象图（图76）。它也有围墙、大而低平的坟丘和东西并列的堂。把它和中山王𰯼墓进行比较，除规模大小不同外，其余都是极为近似的。这些材料串联起来，可以大体上看到商、周以来这类墓上建有堂的墓葬的发展情况。平山二墓是中山王和后的陵墓，辉县三墓是魏国王室墓，二者在围墙重数和堂的层数的差异，可能对了解战国中后期不同等级的葬制具有参考价值。

过去，我们从《周礼·春官·冢人》中，知道先秦时陵墓已有图。这块兆域图铜板的出土，使我们第一次看到这种图的实物。这图上除坟丘尺寸外，更多地表现了陵园建筑的情

① 中国科学院考古研究所：《辉县发掘报告》，第二编固围村区。

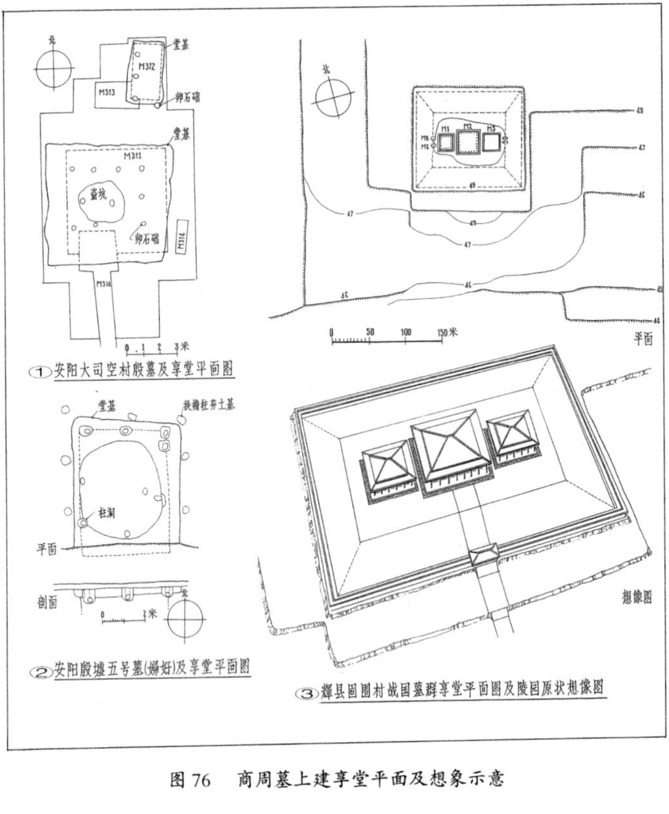

图 76　商周墓上建享堂平面及想象示意

况，也可以认为它实际上是迄今所看到的我国最早的一幅建筑图。因为图中建筑并未全部建成，准确地说，应是我国最早一幅建筑群组的总平面规划图。通过前面的探讨，可以看到它是了解当时建筑情况、建筑设计和制图技术的重要实物，图上所注尺寸又是了解中山国尺度的重要资料。

1. 建筑技术方面。

其一，它表明当时的重要建筑在施工之前要有初步的规划设计，并且还需要经过批准。铜板上的王命称："有事者官图之，进退□法者死无赦。"这说明一经批准就要按原设计施工，有变动需经主管官员研究，不能擅改。

其二，尽管兆域图上只标出建筑物的位置和尺寸，但以图中大小建筑的位置安排与二墓范围的尺寸、标高相对照，还是可以看出这时的建筑群组布置已有明确的中轴线，并已掌握用建筑物的体量、标高和对称的布置来突出主体的方法，反映出这时的单体建筑和建筑群组的设计都已有一套较成熟的手法，有较高的水平。

其三，兆域图标出建筑物和各建筑间的距离单位兼用尺和步。其规律是凡人工构筑物如建筑和坟丘的长度都用尺计，堂与堂间距离因为诸堂都建在人工筑成的坟丘上也用尺计，而坟丘与内宫垣间的距离和内宫垣至中宫垣的距离，因为是在原野上度量即以步计。《周礼·考工记·匠人营国》记载，那时计长度的单位是"室中度以几，堂上度以筵，宫中度以寻，野度以步，涂度以轨"，即按不同位置和地段使用不同的长度单位。铜板上的情况和它近似，只是相应部位所用长度单位不同而已。铜板上尺和步的用法表明，在施工中对建筑物的尺寸可能要求的精度高些，对自然距离的尺寸可能要求的精度低些。

其四，《周礼·天官·内宰》曰："内宰，掌书版图之法。"郑玄注："图，王及后、世子之宫中、吏官府之形象也。"由此可知除兆域有图外，王宫、后宫、世子宫和官府也都有图。铜板兆域图的时代与《周礼》成书时大体同时，所以根据它也可以大体上推测当时宫殿、官府诸图的情况。再进一步推想，在《周礼·考工记·匠人营国》中载有王都、世室、明堂的制度，都记有简单的尺寸，估计当时的王都规划和宫室、官署在建造时也是有设计图的。这幅兆域图的出土为我们了解战国时代建筑群及城市图的情况和制图技术水平提供了重要实物资料。

如果把兆域图与王堂遗址及几座中山国墓葬出土文物结合起来考虑，除上述图中所反映出的重要内容外，还可以看到下面几点：过去认为是东汉特点的斗栱做法在这时已经出现了；唐、宋以来木结构上惯用的主要连接榫卯之一“螳螂头”，此时也在使用了；帐构上表现出的精巧的构架方法和结合方式，间接地反映出当时建筑技术的发展程度；高质量的模压花纹的瓦件和雕刻精美的石片表现出建筑装饰的较高水平。所有这些都大大地超出了我们以往对战国建筑的认识。中山国只是战国时一个小国，其水平已是如此，可以想见秦、楚、齐等大国应更高于此。这些重要的发现不仅丰富了我们对战国建筑的认识，同时也向我们提出了新的课题，即重新估计战国建筑的发展水平。与经济上的较大发展及文化思想上的百家争鸣相应，战国时期的建筑肯定是有辉煌成就的。

2. 尺度方面。

兆域图上注明了陵园各部分的尺寸。现存的两墓及其上的堂遗址是图中的王𰯼墓和哀后墓。兆域图出土于王𰯼墓，应是营造王墓时所制，故王𰯼墓尺寸当和图上尺寸一致。哀后墓下葬在前，其尺寸应是纪实的数字，而它与王𰯼墓间的距离也当与图相合。所以把遗址的尺寸和图上所标的尺寸对照，就可以大致推知中山国尺的长度。

从前文可知，一号墓王堂遗址有三个尺寸，即回廊后壁方四十四米、檐柱中线方五十米、台基边缘方五十二点六米。兆域图上标明王堂方二百尺，故上述三个尺寸必居其一。

现已发现的战国尺长度多在二十二点七厘米至二十三点一厘米左右。如以回廊后壁方四十四米为二百尺。则一尺合二十二厘米，比已知战国尺长稍短。如以回廊檐柱或台基边缘五十米或五十二点六米为二百尺，则一尺合二十五厘米或二十六点三厘米，又比已知战国尺长出较多。这三个数字如仅就与已知的战国尺长度相近而言，似以二十二厘米合一尺为宜。

但就遗址而言，王堂是台榭建筑，现存回廊后壁是台榭的第二层台的侧壁，其下第一层台上建有回廊，其上台顶建有整座台榭建筑的主体——堂。所以，这座建筑的尺度如以主体计应指台顶的堂，如以占地面积计应指回廊外檐，无以回廊后壁计数之理。但台顶的堂比回廊后壁更小许多，以回廊后壁为二百尺已稍小于已知战国尺长，故实际上不可以台顶的堂计。这样，王堂方二百尺的最大可能性是指回廊外檐了。外檐有檐柱中线方五十米和台基边缘方五十二点六米两个尺寸。唐、宋以来木构架房屋平面尺寸多指柱中线，但先秦、两汉的台榭及夯土承重墙房屋如何计算，现在还不清楚。从礼制中可知，一般室内度以几、筵，是按室内净宽计；室外庭院度以尺、步，自堂廉开始计算。堂廉即台基的侧面，在遗址中为五十二点六米。很可能在这里以檐柱中线方五十米为二百尺，以阶的侧面计算二墓享堂间的距离一百尺，由此推知一尺长约二十五厘米，一步长五尺，合一百二十五厘米。

这样，我们就得到一个与已知的战国尺长和尺步折算关系完全不同的尺度关系。其中一步长五尺是从铜板上标出的数字推得的，应当是可信的；但一尺合二十五厘米是从遗址上的三个尺寸中根据建筑物计算长度的惯例推定的，因为它和已知战国尺长二十二点七厘米至二十三点一厘米相差过大，还需要进一步证实。这在遗址中还有一个验算的可能性，即兆域图上注明王堂及后堂间距离为一百尺。现哀后墓正在发掘，如一号墓与此墓的回廊台阶边缘间的距离在二十五米左右，则可确定中山国尺长为二十五厘米。

从历史上看，尺和步的折算关系在逐渐变化，每步含尺数不断减少。这是因为尺长尽管说是积黍而成，但实际上是人为规定的。为了不断加重租税，尺在不断加长。但步除作为尺的扩大单位折合一定尺数外，还应和人步的平均值相差不太远，因为有时草测就用步来计量。故当尺逐渐加长到所折合的步与步跨平均值相差过大时，就只好改变步尺的折算值。历史上随着尺长的增加，尽管每步的长度也在逐渐增加，但每步的含尺数由八尺减到六尺四寸、六尺，再减到五尺，尺愈长则每步含尺愈少。根据这种变化情况，既然中山国一步长五尺，为求其步长与正常步跨相差不过大，其尺长大于一步长六尺的长度是有可能的。

附记：本文在撰写过程中，承发掘工作负责人之一刘来成先生介绍了遗址的情况，提供了一些数字，并对文稿提出宝贵意见，谨致谢意！

附录　对建筑历史研究工作的认识

在我国用现代建筑学的方法研究中国建筑史始于20世纪30年代梁思成教授、刘敦桢教授主持的中国营造学社，至今已有七十年的历史。新中国成立以后，各大学相继设立建筑历史教研组，东南大学、清华大学、同济大学、重庆建筑工程学院等院校的建筑系还先后设立了专门的研究室开展教学和研究工作。1958年建筑工程部建筑科学研究院（简称建研院）成立建筑理论与历史研究室（简称历史室），聘请梁思成教授、刘敦桢教授为主任，开展研究工作，并在东南大学建筑系设立分室，这是由建设部设立研究建筑历史的专门机构之始。“文革”前夕历史室解散，1973年又在新的建研院内重新组建。以后随着机构的变更，先后为中国建筑技术研究院和中国建筑设计研究院的建筑历史研究所（简称历史所）。

建筑历史研究所（室）在设立后的四十余年里，与全国各兄弟单位协作，做了大量调查研究工作，收集到大量建筑史资料，取得一些重大研究成果，也有很多经验教训，并通过不断的工作逐渐深化了对本学科的内涵、特点和发展的理解。下面仅就个人在历史所四十余年工作的经历谈谈对建筑历史研究工作的认识，与同行互相探讨。

一、学科简介——对建筑历史学的认识

（一）建筑历史学的性质和作用

（1）建筑历史学的性质。人类进行建筑活动的目的是为自己创造生活和工作的空间环境。首先，它要受所在地的自然和地理条件的影响和制约，并由此逐渐形成与之相适应的建筑方法和技术；其次，人类生活在社会中，故建筑活动又要受特定社会条件的制约。这样，研究人类建筑活动的建筑学就是兼有工程技术性和社会性的二重性的学科，在社会性中，文化传统和艺术要求占有重要地位。建筑历史学是建筑学的一个重要分支学科，研究建筑活动和建筑学的历史，当然也兼具技术性和社会性。

（2）建筑历史学的作用。《中国大百科全书·城市·建

筑·园林》卷《建筑学》条说："建筑历史研究建筑和建筑学的发展过程及其演变规律，研究人类建筑历史上遗留下来的有代表性的建筑实例，从中了解前人的有益经验，为建筑设计汲取营养。"建筑史研究的成果既是对古代文化遗产的这一重要部分的整理和弘扬，对古代工程技术和建筑艺术成就与发展规律的总结，也可从多方面为当代建设提供有益的参考借鉴。

（二）建筑历史学的特点

建筑历史学同时还具有历史学的特点。简化地说，历史学需要研究和解决"是什么样"（即把握史料、史实）和"为什么是这样"（即探索发展规律，形成史论）两个层次的问题，而把握史实又是形成史论的基础。建筑历史学也同样如此。它首先要尽可能全面、准确地把握建筑史实（包括实物与文献），解决古代建筑"是什么样和怎样建造"的问题；然后分析、研究史实，探讨它是如何在具体的历史条件制约下形成这些特点、取得这些成就的，了解其历史发展的必然性，再进而探讨其发展规律，总结经验教训，解决古代建筑"为什么会是这样"的问题。只有在掌握史实的基础上，深入分析古代建筑特点和传统形成的时代、地域、技术和文化诸方面的背景，理清建筑发展的进程和历史规律，才能既从文化遗产的角度总结历史成就，又能从专业和历史经验角度对当前建设工作起参考、启发和借鉴作用。

但是了解和掌握史实是由人进行的，对史实的认识也有逐步深入的过程，见仁见智，必然带有主观因素，而对历史特点和规律的归纳总结更是个人的主观认识。所以，我们对建筑史的认识始终是相对的，随着研究的逐步深入，会不断充实或修正我们的已有认识，使之更加接近建筑发展的实例过程。因此，从这种意义上看，在建筑历史的研究中，从对史实的研究到进一步归纳总结历史规律的阶段性循环过程要一直进行下去。

二、发展历程

从我国研究建筑史的七十年历程看，至今大体上已经历了三个循环渐进的阶段，从发展现状看，随着新史料的不断发现、研究范围的逐步扩大和深入，新的循环渐进过程还在继续下去，必将取得更大的成果。

（一）第一阶段

20世纪30年代初，中国营造学社在梁思成、刘敦桢两位学科奠基人领导下，先从掌握史实开始，调查精测了大量各类型的重要古代建筑实例，发表了大量调查报告和研究论文，收集和研究了丰富的文献史料，基本理出了唐以后建筑发展的脉络和设计方法、规程。此期间的总结性成果体现为20世纪40年代中期梁思成教授所撰《中国古代建筑史》和对“清式”“宋式”设计方法、规范的研究。这是研究中国建筑史的第一阶段，也是从掌握史料到形成史论的第一个循环。

（二）第二阶段

新中国成立以后至“文化大革命”以前。可分为前后两个时期，前期是酝酿阶段，后期是大发展阶段，通过全国性协作，取得很大成就。

（1）前期。新中国成立以后，刘敦桢教授早在1952年即在南京工学院建筑系成立中国建筑研究室，清华大学建筑系也设立以梁思成教授为主任的建筑史编纂委员会，开展建筑史研究工作。此期间，在全国文物普查中发现了大量重要古建筑和完整的古村镇民居群，在配合基建进行的考古发掘工作中，也揭示出很多历史上名都和重要建筑的遗址。同时，随着大规模建设的进行，开始提出了在新建设中如何保护建筑历史遗产并从建筑传统取得借鉴的问题。面对新的情况和要求，自20世纪

50年代中期以后，即开始扩大调查研究范围。刘敦桢教授指导其助手们调查新发现的数座长江以南重要宋元建筑，和徽州明代住宅、闽西永定住宅、浙东村镇民居等，填补了建筑史的重要空白；他本人在此基础上撰成《中国住宅概说》，并重点进行了苏州园林的专门研究。清华大学建筑系则由梁思成、刘致平、赵正之、莫宗江四位教授进行中国古代建筑史的编写工作。同济大学进行了苏州旧住宅研究、重庆建工学院进行了四川的民居祠堂研究等，数年间，在城市、村镇、民居、园林、装饰、宗教建筑、民族建筑诸方面都做了大量工作，拓展了学术视野和研究领域，取得了很丰富的史料和相应的研究成果。

（2）后期。原建工部建筑科学研究院于1956年与南京工学院中国建筑研究室合作，在北京设立建筑历史研究室，刘敦桢教授兼任主任。同年，清华大学建筑系与中国科学院土木建筑研究所合作，在清华建筑系设立建筑历史与理论研究室，梁思成教授任主任。梁思成教授进行了中国近代建筑史的研究，刘致平教授进行了民居和伊斯兰建筑的研究，赵正之教授进行了元大都规划的研究， 莫宗江教授进行了江南园林的调查研究；此期间，刘致平教授出版了《中国建筑类型及结构》。1958年春，清华研究室并入建筑科学研究院建筑历史研究室，正式定名为建筑理论与历史研究室，由梁思成教授、刘敦桢教授任主任，这样就再次出现了一个由两位学科奠基人共同主持的、集中了一百人以上专业队伍的全国性研究建筑历史的专门机构，并与南京工学院（今东南大学）、同济大学、天津大学、华南工学院（今华南理工大学）、重庆建工学院（今重庆建筑大学）等高校的建筑系进行大协作，开展建筑史研究工作。

自1958年成立到1965年解散，建筑科学研究院建筑理论及历史研究室存在的七年中间，在原清华大学、南京工学院两个研究室工作的基础上，对中国古代建筑、中国近代建筑、中国现代建筑、各民族建筑、中国传统民居、中国古典园林、中国传统建筑装饰、文献中的建筑史料、国外近现代建筑诸方面进行了大量调查研究工作，取得了很大的成绩。

其中成就最突出的是，自1958年起，在当时的建工部、建研院等主要领导同志的大力支持下，由刘敦桢教授主持，以全国大协作的方式与全国高校有关专业和建设单位、文物部门合作，组成编写组，首先在一年内编成并出版了《中国古代建筑简史》《中国近代建筑简史》两部高校教科书和庆祝新中国成立十周年的《新中国建筑十年》大型画册。然后，在刘敦桢教授主持下成立中国古代建筑史编写组，稍后，刘敦桢教授又代表建研院与苏联建筑科学院合作，承担《苏联建筑百科全书》中的中国建筑史部分的撰写。后虽因中苏关系恶化而中止，但以刘敦桢教授为主编的编写组仍全力工作，七易其稿，在“文革”前夕基本撰成《中国古代建筑史》的第八稿。此稿涵盖了新中国成立前后已掌握的建筑史料和大量研究成果的精粹，组织同行专家反复研讨、论证，经过鉴定后再由刘敦桢教授修改定稿，是建筑史学科建立三十余年来成就的总结，代表了当时的最高水平。

在此期间，梁思成教授基本完成了《营造法式注释》专著，刘敦桢教授基本完成了《苏州古典园林》专著，陈明达工程师完成了重点研究单项古建筑的专著《应县木塔》。这些都是“文革”前本学科的标志性重大学术成果，但在“文革”前都未能出版。

此期间，建研院历史室和与南京工学院合作的南京分室进行了大量调查研究工作，在民族建筑方面如新疆维吾尔族建筑、西藏建筑、内蒙古古建筑，在地域建筑方面如北京四合院、浙江民居、福建民居，在城市方面如南宋临安研究，在建筑装饰方面如江南建筑装饰、北京和徽州明代彩画临摹，在园林方面如桂林风景园林规划、苏州风景园林规划、北京北海实测，在宗教建筑方面如中国伊斯兰教建筑、山西广胜寺实测，近代建筑方面如青岛近百年建筑、天津上海里弄住宅、中国近百年建筑图录等，为学科的进一步发展开拓了广阔的前景。通过大规模调查研究和编建筑史的全国大协作，也培养了大量专业人才，并在全国各有关高等院校形成了多个学术研究中心，使建筑历史成为一门很受重视的学科。

但在极左思潮影响下，建筑史研究也始终经历着种种风波，至1965年“四清” 运动开始，建研院历史室即被迫撤销，到1966年“文化大革命”时，全国的建筑历史研究也全部停止。包括学科奠基人梁思成教授、刘敦桢教授和支持他们工作的前建工部部长刘秀峰同志、前建研院院长汪之力同志、前历史所书记刘祥祯同志等都受到不公正的批判。自1952年至1965年，可视为是我国开展建筑史研究的第二阶段，是一个兴盛发展时期，也是通过全国大协作，从掌握史料、进行大量专门史的调查研究、出现大量成果，到形成史论、编成新的建筑通史的第二个循环。止于“四清”和“文化大革命”。

（三）第三阶段

在“文革”后期的1973年，袁镜身院长领导下的国家建委建筑科学研究院决定恢复建筑历史研究工作。自五七干校调回刘致平、孙增蕃，调入陈明达，他们都是这方面的权威专家，先从编写两本反映现代和古代建筑成就的图录——《新中国建筑》和《中国古建筑》开始工作。稍后，有关院校和文物部门也都恢复建筑史研究工作。此时学科奠基人梁思成教授、刘敦桢教授均已在“文革”中不幸去世，主要由他们的第一代、第二代弟子们从事工作。建研院的刘致平教授继续增补所著《中国伊斯兰教建筑》，陈明达先生进行《营造法式大木作制度研究》。对“文化大革命”中各地发现的很多古代建筑遗物和考古发掘工作中发现的很多重要建筑遗址和史料也都进行了专项研究；一些在“文革”前未完结的工作这时也进行了整理出版，如建研院历史室出版了“文革”前完成的刘敦桢教授主编的《中国古代建筑史》《浙江民居》等，南京工学院建筑系出版了刘敦桢教授所撰《苏州古典园林》，清华大学建筑系出版了梁思成教授所撰《营造法式注释》。对新史料的专项调查研究和对以前成果的补充、完善工作是此时期历史研究工作的很重要部分，进一步充实了史料和专项研究的基础。1983年，建设部成立中国建筑技术研究院，原建研院历史室成为中国建筑技术研究院的建筑历史研究所。

在1980年至1995年间，建筑史研究领域开展了三项很重要的工作，即编写《中国古代建筑技术史》《中国大百科全书·城市·建筑·园林》卷和《中国古代建筑史》多卷集。

《中国古代建筑技术史》由中国科学院自然科学史研究室张驭寰研究员和南京工学院建筑系郭湖生教授主持，建研院历史室的刘致平教授任顾问，参加定稿，陈明达先生撰写了很重要的“中国木结构发展”一章。这项工作弥补了长期忽视古代建筑技术的缺憾，并为进一步研究开拓道路，以后陆续出现一些新的成果。

在《中国大百科全书·城市·建筑·园林》卷中，中国建筑史是一个重要分支学科，建研院历史室的刘致平、陈明达先后任主编，主持制定框架条目，组织全国从事建筑史研究和教学的专家参加讨论框架并撰写条目。制定条目框架实际上起了梳理出建筑历史学的分类和层次、回顾过去的研究成果、发现需要进一步研究解决的若干问题的作用，而条目的撰写则是对这些成果的总结和对存在的问题做初步的探索，对建筑史学科以后的发展很有意义。

1986年，在《中国大百科全书·城市·建筑·园林》卷完成后，考虑到刘敦桢教授主编的《中国古代建筑史》因文稿限制在十四万字内，在史料的采择和史论的阐发上都受到时代和篇幅的限制，实不能尽按刘先生之意发挥，且文稿完成于二十年前，而“文革”以来又出现大量新的史料和研究成果，故东南大学建筑系潘谷西教授提出要新编一部建筑史的建议，得到国家自然科学基金会和建设部科技司的支持，经反复磋商，议定全书为五卷，每卷约一百万字，仍取协作形式，由东南大学建筑系、清华大学建筑系及中国建筑技术研究院建筑历史所共同承担。至2003年五卷陆续出版。五卷本的《中国古代建筑史》在宽松的学术环境和时限内进行工作，篇幅大为扩充，吸纳20世纪60年代以后大量新的史料和研究成果，故在深度、广度和理论及规律的探索上都有所前进。

在20世纪90年代初，又由中国文学艺术研究院发起，由肖默、王贵祥等专家撰写了《中国建筑艺术史》，重点从建筑艺术角度进行研究，也已出版。1996年初又出版了一些专史、专著，如贺业钜研究员所撰《中国古代城市规划史》和郭湖生教授的研究城市史的专著《中华古都》。

这几部侧重点不同的建筑通史、专史的撰成，开阔了建筑史研究视野，扩大了研究领域，可以看作是研究建筑史的第三阶段，也是第三个循环。

这是七十年间在建筑史研究中进行的三个循环。在后两个循环中，“文革”前的建筑理论历史室和现在的建筑历史所和东南大学建筑系都起了很大作用，取得重要的成果。

三、研究内容 ——建筑历史学的分类

和历史学的分类相近，建筑史除了重点探讨发展规律形成建筑通史外，也有各种专门史，从不同层面、不同角度更深入、详尽地研究其特点和成就， 提供更为具体的、专业化的参考借鉴，并成为通史的基础。而大量的专项研究又是形成各项专门史的基础。通史和各种专门史从纵横两个方向汇合交织，勾画出建筑发展的历史全貌。

（1）各类型建筑的专门史及专项研究。建筑史的研究范围包括城市、建筑、园林，涉及很广泛的内容。大到城市、村镇，具体到各类型建筑群组，如宫殿、礼制建筑、官署、陵墓、宗教建筑、住宅、园林、商业建筑等，既要从建筑学的角度对其规划、布局、设计方法和工程技术上的特点和成就分别进行探讨，也要从历史发展的角度对其形成和发展演变过程进行研究，归纳出文字和图像成果，在阐扬历史文化的同时，也为当前建设提供参考和借鉴，这就形成研究城市、村镇和各类型建筑的规划、设计和实施的专门史；对古代城市规划、群组布局、建筑设计的通用方法、模数的运用、规范和法规的发展演进，建筑艺术处理、建筑装饰的手法特点、建筑结构、建筑

材料、建筑施工技术、工具等方面也需分别进行专项研究，形成城市规划史、建筑设计史、建筑装饰史、建筑技术史等各种专门史。

（2）各民族建筑史。我国是以汉族为主体的多民族国家，也出现过以少数民族为主体的王朝，各民族间的建筑交流、融合，互相促进，形成我国古代建筑丰富多彩的面貌。研究各民族建筑史是了解古代建筑形成和发展所必不可少的工作。

（3）各地区建筑史（志）。我国地域广大，自然和地理条件的差异，使不同地域的民风、习俗、喜好有很大的不同，导致各地在建筑形式、建筑构造、建筑材料、建造方法上有很大差异，在历史上逐渐形成若干各具风貌特色的地方建筑区系。研究各区系建筑的地方特色和形成过程，探讨各区系建筑之间的相互影响和它们与官式间关系的地区建筑史，也是掌握中国古代建筑发展全貌的非常必要的工作，并可能对现在解决不同地域建筑问题有参考借鉴作用。

（4）不同时期的断代史。中国古代建筑活动的历程往往与当时的国家的兴衰、强弱和统一、分裂相应，也存在反复出现的隔绝、交流和发展、停滞、衰落的阶段性。研究建筑在这些条件下的发展规律，这就构成建筑的断代史。

（5）建筑文化史。建筑除具工程技术性外还有社会性。在建筑的社会性方面，古代哲学思想、伦理观念、礼法制度、文化传统、艺术风尚、生活习俗、宗教信仰甚至民间迷信等人文方面问题对不同性质的社会中建筑观念、建筑审美趣味的形成和发展的作用及对建筑发展的影响和制约等，都可视为社会文化传统与建筑发展的关系。这些问题虽贯穿在各专门史中，但也应形成建筑史中必须解决的重要专项研究，如建筑思想史、建筑美学史、建筑艺术史等不同层次的专门史。

随着研究的进展和认识的深入，这些专门史的内容还会有所增加。它们从不同的角度进行研究，是反映古代建筑特点和成就的最具体、最直接的成果，也是形成完整、深入的建筑通史的基础。

（6）中外建筑交流史。我国与外域在建筑间的相互交流和影响也是探讨古代建筑发展需要理清的问题，需要探讨这种相互影响产生的条件、时代背景和作用。这方面的历史经验可对如何吸纳国外优秀建筑成果以发展我国的现代建筑有启发和参考作用。也可以通过受影响国的实例来反推原生国的情况，如日本现存有若干反映中国隋唐特点的遗物，可经过分析反推我国当时建筑的特点，填补史料上的空白。

（7）建筑通史 。探讨古代建筑在不同历史时期发展演变历程的全貌，分析其发展的必然性和偶然性。它应是在上述各种专门史和专项研究的基础上精练化，提升至理论高度，归纳总结出发展规律和共同的经验教训而形成的。它从整体角度弘扬古代在建筑领域的成就，并以其历史发展的规律性和经验教训为当代建设提供参考借鉴。

通史应是建立在丰富的史料特别是各种专门史的基础上的，所以在具体工作中总是先对史料、史实进行一段专门研究，然后在此基础上编写建筑通史；通过编写建筑通史总结前一阶段工作成果，发现不足之处和新的问题，进而推进对各专门问题做进一步的研究。在建筑历史学的发展进程中，通史和各种专门史和专项研究是互相促进、交替前进的，每经历一个循环就进入一个新的阶段。

四、发展趋势——对建筑史研究工作的回顾和展望

回顾七十年来研究建筑史的经验，基本规律是从掌握史实（通过对实物和文献的调查研究）到形成史论（通过编写建筑专史和通史）的阶段性循环过程，到现在已经历了三个阶段。现在正处于下一个阶段中的进行深入的专项或专门史研究、掌握新的史实， 进一步发现新的问题、酝酿和发展新的理论认识的时期。在当前国家高速发展的形势下，无论从总结历

史经验为建设提供借鉴还是从保护民族历史文化遗产来说，都对建筑历史研究提出了更高的要求。与之相应，这个学科正处于一个新的发展时期，目前很多高等院校都设立了相关的教研室或研究所，新的研究成果不断涌现，很多取得硕士、博士学位的新生力量不断涌现，很多论文取得开创性成果。在这种情况下，如能对这三个阶段的工作进行回顾和总结，对其成就和不足进行有针对性的探讨，总结经验，必将对古代建筑的发展进程、所取得的成就和历史发展的规律性有更为具体和深入的认识，更好地完成时代赋予我们的任务。

对三个阶段中已完成的建筑史和大量研究成果进行分析，可以看到以下几点。

（一）史料方面

就建筑史料而言，总结前三个阶段的工作，可以看到，除从历史角度准确把握时代定位外，更重要的是应从城市规划学、建筑学、园林（景观）学的专业角度，对古代城市和村镇的规划、各类建筑群和园林的平面布局与空间序列、各类建筑物的设计等，从工程技术、使用功能到艺术处理做综合分析排比，探讨其特点、成就和独特体系的形成和发展进程，确认其在建筑发展进程中的地位和作用。这些实而具体的成果除了成为建筑通史的坚实基础外，更有可能在认识传统、借鉴传统上为当代建设工作做出贡献。包括建筑历史所和相关大专院校，近年很多同行在这方面取得成就，在城市、宫殿、礼制建筑、地方民居建筑、园林等类型，在木构技术、工艺、工具、施工组织等领域，在中西、中日、中国与东南亚的建筑交流等方面，都有很多专著和论文发表，其中有些硕士、博士论文还具有填补空白的性质，表明研究队伍和水平在不断壮大和提高，是极可喜的现象。

但在整体上看，在数十年成果中，从历史角度对实物的断代研究成果较多，而从建筑学、城市规划学和园林学的角度进行的专门研究仍相对较弱，亟须做重点的加强。综观现在的情况，经过数十年的古建筑普查工作，现存重要的古建筑基本上均已发现，而一些重要建筑遗址的考古发掘则尚需时日。这就是说，在近期已不太可能有新的重大发现，我们应把工作重点放在充分掌握已有的这些建筑实物和史料，在此基础上进行深入的研究。城市和房屋都是建造成的，它的成就、特点，不论是工程技术方面还是建筑艺术方面，最终都要通过量化的尺寸数据体现出来，故要深入地研究这些城镇建筑群和建筑物，就必须有精确的实测图和数据。目前情况是通过三代人数十年努力，已掌握了大量的图纸和数据，可供我们进行综合研究，但也还有相当数量的具有典型意义的古代城市、村镇、大中型建筑群组和建筑物缺少精确的实测图和数据资料，有待进行精密的调查和测绘工作。这是开展全面的研究必须解决的问题，也可以说是建筑史研究工作的一个瓶颈，需要全行业的长期共同努力来解决。但实测需要大量财力、人力，实非没有专项经费的高校和研究单位所能承担，只有和国家的文物保护工作结合才有可能，而这又是可遇而不可求的，只有抓住一切机遇，才能逐步达到目的。

在文献史料方面，已有一些综合性专著出版，可以使研究者免去翻检之劳，是很好的现象。目前很多古籍，包括《四库全书》在内，已有电子版行世，便于检索。不断深入地发掘文献史料，取得新的资料，对深入掌握建筑史实极有助益，刘敦桢先生在这方面为我们树立了榜样。

（二）史论方面

如果从更广的角度看，还可看到，尽管建筑历史学具有工程技术和社会人文的二重性，又兼具历史学的特点，但前此的研究工作中，就建筑学方面说，又较倾向于工程技术而对建筑的社会性和艺术性研究不够；就历史学方面说，则较倾向于史实的把握而对从整体角度探索历史发展规律的努力不足；这也可以说是对具体的、实的问题——亦即表层的技术性问题研究较多，而对规律性的、虚的问题——亦即较深层的理论性问题探索较少。这是我们在建筑史研究中的较薄弱之处。这固然客观上是受过去历史环境的影响，不欲触及意识形态问题，有意无意地回避所致，但久而久之，也就成为我们知识结构和研究视野的不足之处。因此，在今后的工作中加强对古代哲学思想、伦理观念、礼法制度、文化传统、艺术倾向、生活习俗、宗教信仰甚至民间迷信等人文因素对中国古代建筑的形成与发展的作用的研究，探讨它们如何影响中国古人的建筑观（拓展开来则是人居环境观）、建筑审美趣味的形成进而影响和控制古代建筑的发展，是十分必要的。这将从另一个角度研究古代建筑，使我们对影响古代建筑发展的因素有更为全面的认识，进一步了解我国独特的建筑体系得以形成和长期延续的原因，把我们对古代建筑发展的认识提升到理论高度。

如果考虑到在史实开拓上的困难，目前不失为对上述规律性、理论性问题进行深入研究的时机。近年一些同行在这方面已进行了一些工作，除前述的《中国建筑艺术史》外，还有郭湖生教授的《中华古都》、侯幼彬教授的《中国建筑美学》等专著和若干从哲学、美学角度探讨的专论及将外国近年在这方面的发展与国内现状进行对照的研究等（包括一些优秀的学位论文），起了很好的开拓作用。继续在理论和规律方面进行工作，充实以前研究中的薄弱环节，必将使建筑史研究工作有新的更大的进展。就建筑历史所的现实条件和人员情况，目前也以开展这方面研究为宜。

建筑界的共同任务是创作出有中国特色的现代城市和建筑，以自立于世界建筑之林，除吸收世界先进的建筑成就外，也要借鉴历史传统，以形成自己的特色。联系到目前的建设情况，可以看到古今的差异之大，数十年的经验也告诉我们，从形式上继承建筑传统很少有成功的。但那些古代哲学思想、伦理观念、礼法制度、文化传统、艺术风尚、生活习俗、宗教信仰等人文方面对中国古代建筑观的形成、古代建筑特色与传统的产生与发展的作用和丰富的具体事例，却无疑可对我们在当代的社会和文化条件下创造有中国特色的新建筑有很好的启发和借鉴作用。从这个角度看，加强这方面研究也是有现实意义的。

以上是个人的初步看法，很不成熟，愿与同行共同探讨，希望通过互相切磋，能提高我们对建筑历史研究的认识，共同完成时代发展在这方面对我们提出的新任务。

国家新闻出版广电总局
首届向全国推荐中华优秀传统文化普及图书

大家小书书目

经典常谈	朱自清　著
语言与文化	罗常培　著
习坎庸言校正	罗　庸　著　杜志勇　校注
鸭池十讲（修订本）	罗　庸　著　杜志勇　编订
古代汉语常识	王　力　著
国学概论新编	谭正璧　编著
文言尺牍入门	谭正璧　著
日用交谊尺牍	谭正璧　著
敦煌学概论	姜亮夫　著
训诂简论	陆宗达　著
金石丛话	施蛰存　著
常识	周有光　著　叶　芳　编
文言津逮	张中行　著
中国字典史略	刘叶秋　著
古典目录学浅说	来新夏　著

诗境浅说	俞陛云　著
唐五代词境浅说	俞陛云　著
北宋词境浅说	俞陛云　著
南宋词境浅说	俞陛云　著
人间词话新注	王国维　著　滕咸惠　校注
苏辛词说	顾　随　著　陈　均　校
诗论	朱光潜　著
唐诗杂论	闻一多　著
诗词格律概要	王　力　著
唐宋词欣赏	夏承焘　著
槐屋古诗说	俞平伯　著
词学十讲	龙榆生　著
词曲概论	龙榆生　著
中国古典诗歌讲稿	浦江清　著 浦汉明　彭书麟　整理
唐宋词启蒙	李霁野　著
唐人绝句启蒙	李霁野　著
词学名词释义	施蛰存　著
唐宋词概说	吴世昌　著

宋词赏析	沈祖棻　著
闲坐说诗经	金性尧　著
陶渊明批评	萧望卿　著
舒芜说诗	舒　芜　著
名篇词例选说	叶嘉莹　著
唐诗纵横谈	周勋初　著

门外文谈	鲁　迅　著
我的杂学	周作人　著　张丽华　编
论雅俗共赏	朱自清　著
文学概论讲义	老　舍　著
中国文学史导论	罗　庸　著　杜志勇　辑校
给少男少女	李霁野　著
鲁迅批判	李长之　著
三国谈心录	金性尧　著
夜阑话韩柳	金性尧　著
历代笔记概述	刘叶秋　著
笔祸史谈丛	黄　裳　著
古典诗文述略	吴小如　著

红楼梦考证	胡　适　著
《水浒传》与中国社会	萨孟武　著
《西游记》与中国古代政治	萨孟武　著
《红楼梦》与中国旧家庭	萨孟武　著
《金瓶梅》人物	孟　超　著　张光宇　绘
水泊梁山英雄谱	孟　超　著　张光宇　绘
《红楼梦》探源	吴世昌　著
《西游记》漫话	林　庚　著
细说红楼	周绍良　著
红楼小讲	周汝昌　著　周伦玲　整理
曹雪芹的故事	周汝昌　著　周伦玲　整理
中国古典小说漫稿	吴小如　著
三生石上旧精魂——中国古代小说与宗教	白化文　著
《金瓶梅》十二讲	宁宗一　著

中国史学入门	顾颉刚　著　何启君　整理
秦汉的方士与儒生	顾颉刚　著
三国史话	吕思勉　著

史学要论	李大钊　著
中国近代史	蒋廷黻　著
民族与古代中国史	傅斯年　著
民族文话	郑振铎　著
史料与史学	翦伯赞　著
唐代社会概略	黄现璠　著
清史简述	郑天挺　著
两汉社会生活概述	谢国桢　著
中国文化与中国的兵	雷海宗　著
两宋史纲	张荫麟　著
明史简述	吴　晗　著
北宋政治改革家王安石	邓广铭　著
故宫说史	单士元　著
史学遗产六讲	白寿彝　著
司马迁	季镇淮　著
二千年间	胡　绳　著
论三国人物	方诗铭　著
美术、神话与祭祀	张光直　著
中国古代衣食住行	许嘉璐　著

和青年朋友谈书法	沈尹默　著
桥梁史话	茅以升　著　施爱东　编
中国戏剧史讲座	周贻白　著
俞平伯说昆曲	俞平伯　著　陈　均　编
新建筑与流派	童　寯　著
论园	童　寯　著
拙匠随笔	梁思成　著　林　洙　编
中国建筑艺术	梁思成　著　林　洙　编
沈从文讲文物	沈从文　著　王　风　编
中国绘画史纲	傅抱石　著
中国舞蹈史话	常任侠　著
世界美术名作二十讲	傅　雷　著
金石书画漫谈	启　功　著　赵仁珪　编
梓翁说园	陈从周　著
旧戏新谈	黄　裳　著
现代建筑奠基人	罗小未　著
世界桥梁趣谈	唐寰澄　著
中国古代建筑概说	傅熹年　著

简易哲学纲要	蔡元培　著
老子、孔子、墨子及其学派	梁启超　著
中国政治思想史	吕思勉　著
天道与人文	竺可桢　著　施爱东　编
春秋战国思想史话	嵇文甫　著
晚明思想史论	嵇文甫　著
谈美书简	朱光潜　著
民俗与迷信	江绍原　著　陈泳超　整理
佛教基本知识	周叔迦　著
希腊漫话	罗念生　著
佛教常识答问	赵朴初　著
大一统与儒家思想	杨向奎　著
孔子的故事	李长之　著
乡土中国	费孝通　著
经学常谈	屈守元　著
墨子与墨家	任继愈　著
汉化佛教与佛寺	白化文　著

出版说明

“大家小书”多是一代大家的经典著作，在还属于手抄的著述年代里，每个字都是经过作者精琢细磨之后所拣选的。为尊重作者写作习惯和遣词风格、尊重语言文字自身发展流变的规律，为读者提供一个可靠的版本，“大家小书”对于已经经典化的作品不进行现代汉语的规范化处理。

提请读者特别注意。

北京出版社